Histoire et Perspectives méditerranéennes
Collection dirigée par Jean-Paul Chagnollaud

Dans le cadre de cette collection, créée en 1985, les Éditions L'Harmattan se proposent de publier un ensemble de travaux concernant le monde méditerranéen des origines à nos jours.

Déjà parus

Hosni KITOUNI, *Le désordre colonial, L'Algérie à l'épreuve de la colonisation de peuplement*, 2018.
Houria ALAMI MCHICHI, *Un autre regard sur les migrations, Expériences du Maroc*, 2018.
Antoinette CHAUVENET avec Faïza CHERFI et Marie-Claire MICHAUD, *La promotion des droits humains en Algérie*, 2017.
Catherine GUILLAUMOND, *Cuisine et diététique dans l'occident arabe médiéval. D'après un traité anonyme du XIIIe siècle, Étude et traduction française*, 2017.
Driss ABBASSI, *La Tunisie depuis l'indépendance, Politique, histoire, identité*, 2017.
Işil ZEYNEP TURKAN-IPEK, *Chroniqueurs politiques en Turquie (1980-2014)*, 2016.
Imane BENNANI, *L'habitat menaçant ruine au Maroc, Les procédures administratives à l'épreuve des effondrements*, 2016.
Mokhtar KHELADI, *L'Algérie pays immergeant*, 2016.
Abdellah BOUNFOUR *Malaise dans la transmission, La crise de l'autorité familiale, scolaire et politique au Maghreb*, 2016.
Riza SAYGILI, *Un siècle de démocratisation innachevée, Partis et courants politiques en Turquie (1908-2008)*, 2016.
Karim BEN YEDDER, *Le fondouk al-ghalla de Tunis, Marché central (1891-1956)*, 2016.
Association Déméter-Coré (coord.), *Travail et maternité dans l'aire méditerranéenne*, 2016.
Zakaria FATIH, *Le Maghreb à la croisée des chemins : l'enjeu de la tradition et le défi de la modernité*, 2016.
Hassan BANHAKEIA, *Histoire de la pensée nord-africaine*, 2016.

SIX MILLIONS DE FEMMES

© L'Harmattan, 2018
5-7, rue de l'École-Polytechnique, 75005 Paris

http://www.editions-harmattan.fr

ISBN : 978-2-343-15151-9
EAN : 9782343151519

Sofiane Bouhdiba

Six millions de femmes

Femmes et population en Tunisie

Du même auteur :

- *La mortalité urbaine en Tunisie,* Centre de Publication Universitaire, Tunis, 2012 ;

- *Médecin du bled. Sur les pas du médecin de colonie dans le Protectorat tunisien (1881-1956),* L'Harmattan, Paris, 2013 ;

- *Gorée, porte sans retour. La mortalité des captifs à bord des navires négriers,* L'Harmattan, Paris, 2014 ;

- *L'ennemi invisible. La vérité sur la mort des soldats,* Pierre de Taillac, Paris, 2015 ;

- *Pavillon jaune. Histoire de la quarantaine, de la Peste à Ebola,* L'Harmattan, Paris, 2016 ;

- *Vieillir en Tunisie,* L'Harmattan, Paris, 2017 ;

- *Dans le sillage des médecins de marine, de l'Antiquité à nos jours,* L'Harmattan, Paris, 2018.

*Je dédie ce livre à
la plus belle des Tunisiennes :
Fatma*

*« La femme de chez nous revient de tellement loin !
Et elle a bien raison de se révolter… »*

Abdelwaheb Bouhdiba
Tunis, 2010

SOMMAIRE

Avant-propos 13
Propos introductif 17

Première partie
Naître Femme

Chapitre Premier – La *Jahiliya*, ou la malédiction
de naître femme 23
Chapitre II – Hommes, femmes ? 37

Deuxième partie
Vivre Femme

Chapitre III – L'éducation 49
Chapitre IV – L'emploi féminin 63
Chapitre V – Emploi et discrimination de genre 75
Chapitre VI – La migration féminine 91

Troisième partie
Fonder une famille

Chapitre VII – La nuptialité 105
Chapitre VIII – La divortialité 129
Chapitre IX – La fécondité 141
Chapitre X – Les déterminants de la fécondité 151

Quatrième partie
Fin de vie

Chapitre XI – Vieillir femme 165
Chapitre XII – Mourir femme 175
Chapitre XIII – Les causes de la mortalité féminine 187

Conclusion 211
Bibliographie 213
Annexes 221

Avant-propos

A l'heure où nous rédigeons ces lignes, elles ne sont pas encore tout à fait six millions : selon une estimation récente de l'Institut National des Statistiques, 5683853 femmes vivraient en Tunisie[1]. Mais cela ne saurait guère tarder. Deux ou trois ans, tout au plus.

Nombreuses sont les raisons qui ont guidé notre choix de placer au centre de notre champ de recherche, pour la première fois, la femme tunisienne. D'abord, il nous a été donné de constater l'absence de littérature récente abordant ce thème d'un point de vue purement démographique.

Quelques ouvrages sérieux, quoique insuffisamment documentés et d'un style par trop journalistique, ont certes été publiés sur la femme tunisienne. Ils restent toutefois épars, et centrés sur des problématiques – trop – largement débattues : la mal-émancipation des femmes, l'absence de la femme sur la scène politique, les violences faites aux femmes, et d'une manière générale la misère sociale et intellectuelle de la femme tunisienne.

Beaucoup de rapports ont été écrits sur la femme tunisienne par des spécialistes du genre – quoique nous ayons du mal à admettre qu'une telle expertise puisse véritablement exister. Toutefois, comme le regrettait souvent le médiéviste russe Aaron Yakovlévitch Gourevitch, « Les occasions de pénétrer dans les profondeurs de la personne sont restreintes par la masse des lieux communs et des clichés qui encombrent les textes[2] ». Les analyses, au lieu de s'attacher à comprendre les spécificités des comportements féminins, ne font finalement que proposer une justification d'idées préconçues sur la femme tunisienne.

C'est donc pour contribuer à combler un vide littéraire que nous avons décidé de quitter notre champ de réflexion habituel, la mort, la mortalité, la morbidité[3], pour consacrer le

---
[1] Est-il nécessaire de le rappeler, il est impossible de déterminer le nombre d'exact d'habitants à une date déterminée
[2] Gourevitch (Aaron Yakovlévitch), *La naissance de l'individu dans l'Europe médiévale*, Paris, Seuil, 1997, p. 294
[3] Une liste de nos ouvrages, tous centrés sur la mort, figure en prologue

présent ouvrage à la place occupée par la femme dans la population tunisienne.

D'autant plus que, même si le genre est assurément un thème très à la mode en Tunisie, le grand public, les intellectuels, les décideurs, les acteurs de la société civile, ne semblent guère avoir pleinement conscience du rôle majeur joué par la femme dans les différents cycles démographiques : la nuptialité, la fécondité, l'éducation, l'emploi, la migration, la morbidité, la mortalité même, autant de phénomènes dans lesquels le poids de la femme est bien plus important qu'on ne le croit. Pourtant, c'est moins à ces comportements démographiques qu'à leurs conséquences sociales, économiques, culturelles, politiques, que nous consacrons ces réflexions.

Par ailleurs, l'Institut National des Statistiques (INS), organe public chargé de collecter les statistiques de population en Tunisie, a réalisé il y a quelques années à peine, un recensement de la population tunisienne[4], véritable aubaine pour le démographe que nous sommes.

Le moment nous a donc semblé opportun pour passer au crible des chiffres qui auront au moins le mérite d'être encore neufs. D'autant plus que, pour des raisons organisationnelles et financières, le recensement tunisien n'est encore que décennal. Attendre davantage aurait ainsi signifié devoir analyser des statistiques obsolètes, et donc anticiper sur la base d'estimations plus qu'incertaines.

Cet ouvrage ne s'adresse guère à un public averti, il se veut au contraire une réflexion ouverte, accessible à tous, et centré sur une thématique d'actualité. Nous avons eu l'occasion, tout au long de notre carrière académique et scientifique, de rédiger suffisamment de cours magistraux, de rapports, d'études, de notes d'évaluation, de recommandations, de *working papers*, de supports de formations sur le genre, la vulnérabilité des femmes, son oppression d'une manière ou d'une autre par l'homme, autant de documents à vocation académique, scientifique, politique, élaborés pour le compte

---

[4] Institut National des Statistiques, *Recensement Général de la Population et de l'Habitat 2014*, Tunis, INS, 2015

d'Organisations Internationales telles que les Nations Unies, ou dans le cadre de rencontres scientifiques internationales.

Le présent ouvrage se veut une sorte de synthèse simplifiée et mise à jour de ce corpus de travaux savants, complexes, parfois politisés, toujours à la limite du compréhensible, voire même contradictoires. Notre ambition, au travers de ces réflexions, est de partager avec le lecteur nos observations, nourries d'une longue pratique du terrain africain, méditerranéen, arabe, maghrébin, tunisien.

Ce sont également nos angoisses du futur proche, nos incertitudes, nos émotions, et surtout notre admiration sans bornes pour la femme tunisienne, toujours debout malgré tout, et qui « revient de loin » aux dires de notre père[5], que nous offrons en partage au lecteur.

Même s'il se base sur des chiffres officiels récents, ce livre est d'abord le fruit de plusieurs années de travail de terrain, la plupart ayant été vécues au plus près de femmes rurales, analphabètes, misérables, méprisées, malades... mais toujours dignes. De nombreuses réflexions sont également issues d'entretiens dramatiques avec des femmes marginalisées, oubliées, méprisées, mères célibataires, Travailleuses du Sexe, femmes battues, séropositives, condamnées à de lourdes peines de prison.

Enfin, ce livre est le fruit de décennies d'observation silencieuse. Avec toujours la Tunisienne au centre des préoccupations.

Tunis, le 12 avril 2018
Pr. Sofiane Bouhdiba

---

[5] Voir la citation introductive, en page 9

Propos Introductif

Le syndicaliste et homme politique tunisien Tahar Haddad (1899-1935) osait déjà écrire en 1930, alors que la Tunisie était encore un protectorat français[6] : « Le devoir nous appelle aujourd'hui plus que jamais à sortir la femme de cet obscurantisme des siècles passés et à la considérer comme membre vivant et un partenaire égal à nous dans la vie... Je la vois s'avançant sur le chemin du savoir et de l'éducation consentant aux sacrifices nécessaires. Notre salut et notre liberté sont à ce prix[7] ».

Certes, et fort heureusement, la femme tunisienne a bien avancé sur le chemin du savoir et de l'éducation, et sur bien d'autres chemins encore, comme par exemple celui de la participation à la vie économique du pays. Mais cela aura eu des implications inattendues sur son comportement démographique, et en particulier au niveau de sa nuptialité, sa fécondité, le vécu de sa vieillesse, et sur sa manière de mourir également.

C'est aux mécanismes, parfois très complexes, ayant progressivement conduit à ces bouleversements sociodémographiques, que s'intéresse le présent ouvrage. Pour répondre aux multiples questionnements soulevés par ces changements, nous avons choisi d'organiser notre réflexion en quatre grandes parties, qui correspondent à peu près aux quatre étapes majeures de la vie d'une femme.

Nous commencerons par une approche historique de la représentation des naissances féminines, en examinant la pratique du *waad* dans la société arabe préislamique. Prendre un peu de recul nous permettra peut-être de mieux comprendre la manière dont la naissance d'une petite fille est représentée dans la société tunisienne, souvent attendue, plus ou moins acceptée, parfois même redoutée.

Nous consacrerons ensuite la deuxième partie de l'ouvrage à la manière dont la femme tunisienne négocie

---

[6] La Tunisie a été un protectorat français de 1881 à 1956
[7] Haddad (Tahar), *Notre femme dans la législation islamique et la société*, Tunis, 1930

aujourd'hui son insertion dans la société, en se formant, en cherchant un emploi, voire en quittant son pays, dans le but d'y revenir plus tard, plus forte. Cela nous amènera à examiner tour à tour les sexo-spécificités de l'éducation, de l'emploi et de la migration en Tunisie.

Nous nous intéresserons plus particulièrement, dans une troisième partie, à la manière dont une femme fonde une famille en Tunisie. Cela nous amènera à estimer et analyser des indicateurs récents relatifs au mariage, mais également à son antonyme le divorce. L'autre grand évènement dans la vie d'une femme, la maternité, fera également l'objet d'un intérêt particulier dans cette partie de l'ouvrage.

Suivant un ordre chronologique, la dernière partie du livre est dédiée à la fin de vie de la femme tunisienne : le vieillissement d'abord, la mort ensuite.

Première partie
NAITRE FEMME

A la fin des années 1940, Simone de Beauvoir se plaisait à dire « On ne nait pas femme, on le devient ». Quitte à la contredire, il faut reconnaitre que l'on nait femme. Quant à le devenir, c'est une autre histoire...

On sait aujourd'hui que, dans toutes les sociétés, il y a à peu près une chance sur deux pour qu'une naissance soit féminine. La probabilité d'engendrer une fille est même légèrement inférieure à celle d'avoir un garçon. En effet, il naît environ 5% de garçons de plus que de filles. Nous montrerons *infra* que, comme tous les autres pays dans le monde, la Tunisie obéit à cette règle naturelle quoique encore inexpliquée.

Avant cela, nous consacrerons un chapitre à un phénomène ancien, qui remonte à la période préislamique : le *waad*, dont les ressorts pourraient fournir quelques éléments d'explication aux discriminations dont est aujourd'hui encore l'objet la femme tunisienne.

Chapitre premier
LA *JAHILIYA*, OU LA MALEDICTION DE NAITRE FEMME

Une pratique abominable a longtemps prévalu dans les sociétés arabes de la *jahiliya*[8] : le *waad*[9], c'est-à-dire l'infanticide des nouveau-nés de sexe féminin. Jusqu'à l'avènement de l'Islam, et l'engagement du prophète Mahomet à y mettre fin, les pères, honteux et déçus de ne pas avoir engendré d'héritiers mâles, se dépêchaient d'enterrer vivantes leurs petites filles.

Nous tenterons de remonter aux origines sociales, culturelles, économiques et historiques de cette forme particulière d'infanticide féminin dans la société arabe préislamique. Cela nous permettra de vérifier si cette pratique était une réaction affective, ou si elle répondait plus simplement à des besoins spécifiques de la société de l'époque.

Nous nous attacherons également à essayer de comprendre comment l'avènement de l'Islam a fait disparaître cette pratique abominable, et sur quelles bases le discours religieux de l'époque fondait son plaidoyer. Cela nous amènera alors à voir dans quelle mesure l'infanticide féminin ou, du moins la représentation négative des nouveau-nés de sexe féminin, est restée tout de même profondément ancrée dans la société tunisienne moderne.

Le *waad* dans la période préislamique

L'Arabie préislamique était un milieu aride, semi-désertique et parsemé d'oasis, et les Arabes du *Hijaz*[10] étaient païens, juifs ou chrétiens. Il faut reconnaître que les conditions d'existence dures y laissaient peu de place à une vie spirituelle.

---

[8] Ignorance en arabe. Réfère à la période préislamique polythéiste
[9] *Waad* est le substantif du verbe *waada*, qui signifie en arabe « enterrer quelqu'un vivant »
[10] أَلْحِجَاز, barrière en arabe, désigne la région ouest de la péninsule arabique, comprenant notamment les cités historiques de La Mecque et Médine

La morale des Arabes, très fortement marquée par le paganisme ancestral, tournait autour de quelques valeurs morales et guerrières, telles que la *mourouwa*[11], et ils avaient des coutumes barbares, telles que la *vendetta*[12], les *razzia*[13], l'avilissement de la femme ou le *waad*[14]. C'est donc tout naturellement que les premiers Musulmans qualifieront plus tard cette période de *jahiliya*, ou âge de l'ignorance.

En ces périodes sombres, engendrer une descendance féminine était considéré comme un grand malheur, et la solution de facilité était alors l'élimination physique du bébé non désiré. Enterrer était une manière discrète, silencieuse, de se débarrasser du bébé non désiré. C'était également un moyen de tuer sans faire couler le sang.

Le mot *abtar* désignait même, non sans mépris, le père dépourvu d'héritiers mâles. Il est vrai que dans ce contexte de vie dure et belliqueuse qui caractérisait la *jahiliya*, le chef de famille se devait d'avoir une famille nombreuse à ses côtés, de préférence masculine. Si la richesse en hommes compensait quelque peu la pauvreté, en revanche la naissance de filles était très mal acceptée, et ces dernières étaient régulièrement enterrées vivantes.

Plusieurs arguments peuvent être avancés pour expliquer cette pratique barbare, que l'on qualifierait aujourd'hui de VFF (Violence Faite aux Femmes). Une raison économique, d'abord, puisqu'il s'agit là d'une forme, certes crue, de malthusianisme de la pauvreté. Enterrer le nouveau-né, c'est finalement se débarrasser d'une bouche supplémentaire à nourrir, ce qui devait contribuer à mieux contrôler les dépenses du ménage.

Durant les périodes de famine, le *waad* se pratiquait ainsi plus souvent. C'est de cette manière que la société arabe

---

[11] Courage et générosité, valeurs nobles que l'on retrouve d'ailleurs dans la chevalerie occidentale
[12] Vengeance d'une offense, souvent un meurtre ; l'acte implique tous les parents, voire l'ensemble de la tribu, ce qui peut donner lieu à des affrontements de deux familles sur une longue période
[13] غزية, pillage, incursion rapide en territoire étranger, dans le but de prendre du butin
[14] Infanticide des nouveau-nés de sexe féminin

préislamique gérait sa contraception, d'une manière « post-opératoire ». Il est vrai que l'infanticide était pratiqué dans les familles les plus misérables, et concernait donc tant les garçons que les filles. Il est toutefois probable que, si le père de famille avait le choix, c'est le bébé de sexe féminin qui était enterré vivant en priorité.

Une deuxième explication, toujours d'ordre économique, est liée à l'héritage. Comme dans la plupart des sociétés, même les plus modernes, la descendance mâle permet de conserver le patrimoine dans la famille, tandis que les filles mariées entraînent *ipso facto* un morcellement des propriétés familiales. En particulier, le partage des troupeaux et des terrains agricoles remettait en question la bonne gestion des affaires familiales.

Rappelons enfin, avant de clore ce registre, que l'économie arabe préislamique était très largement basée sur le commerce, ce qui était dû en partie au positionnement de l'Arabie sur la voie commerciale reliant le bassin méditerranéen à l'Inde. Les tribus arabes devaient donc disposer de suffisamment d'hommes pour assurer la logistique, la conduite des caravanes terrestres et leur protection contre les pillards.

Il fallait également disposer de suffisamment d'hommes aguerris pour protéger les navires contre les actes de piraterie, courants en mer rouge. Les négociations entre caravaniers, bailleurs de fonds, commerçants, chefs de tribus, propriétaires de puits sahariens, chefs de bandes et autres acteurs incontournables du commerce caravanier, étaient des activités exclusivement masculines.

Une raison démographique sous-tendait également la pratique du *waad*, puisque comme dans toute société guerrière, il existait une forte surmortalité masculine. En effet, les combats entre tribus étant fréquents, et de ce fait une large frange de la population masculine en âge de porter les armes était fauchée avant terme. La pratique du *waad* apportait donc une forme d'équilibre entre les deux sexes. Par ailleurs, les filles d'un clan pouvaient être appelées, au travers du processus nuptial, à « fournir » des enfants à d'autres tribus, et à renforcer ainsi les rangs adverses. Le *waad*, dans toute sa cruauté, est considéré par les historiens démographes comme un moyen violent mais efficace d'équilibrer la société.

Une raison sécuritaire sous-tendait aussi probablement la pratique du *waad*, puisque la femme représentait une menace permanente pour le clan. Celle-ci risquait à tout moment d'être enlevée ou séduite par les membres d'un clan ennemi, surtout si elle était d'un physique agréable. La perte de virginité de la jeune femme pouvait alors plonger la tribu entière dans le déshonneur. Tout comme ce fut le cas lors de la guerre de Troie, les - belles - femmes étaient la cause de nombreuses guerres entre les clans arabes, l'honneur de la famille étant alors quasi systématiquement lavé dans le sang.

Toujours dans le même registre, une raison militaire peut être invoquée ici : la femme n'étant pas capable de porter les armes, elle était moins utile qu'un homme sur un champ de bataille. Les nouveau-nés de sexe masculin étaient donc, de ce point de vue, considérés comme de futurs guerriers.

On le voit donc, le *waad*, au-delà de l'horreur qu'il inspire encore aujourd'hui à nos sociétés - civilisées ? - n'était ni plus ni moins que le reflet des représentations que se faisait la société préislamique de ses éléments féminins. L'avènement de l'Islam au VIIème siècle bouleversera ces rapports de genres.

L'avènement de l'Islam

Fort heureusement, l'Islam naissant met fin à la pratique du *waad*, le prophète Mahomet l'ayant strictement prohibé, l'assimilant purement et simplement à un homicide. L'Islam, tout comme les autres religions du livre du reste, a interdit l'infanticide, l'avortement même, à partir du quarantième jour de la grossesse[15].

Comme pour toutes les autres grandes thématiques débattues par la nouvelle autorité musulmane, le plaidoyer pour l'arrêt du *waad* était fondé sur deux sources fondamentales : le texte coranique et les *hadiths*, ce corpus de citations et d'exemples de vie du prophète Mahomet, qui servent

---

[15] Moment à partir duquel l'âme (*errouh*) est insufflée au fœtus

aujourd'hui encore de ligne de conduite pour des centaines de millions de croyants.

Si la première source, écrite et authentifiée, est sans appel, la deuxième en revanche pose souvent le problème de sa véracité. En effet, un grand nombre de *hadith* rapportés par des contemporains du prophète seraient des apocryphes.

Il n'existe pas à proprement parler de texte interdisant la pratique du *waad*, les écrits étant plutôt rares dans une société de culture orale. En réalité, il est fait mention du *waad* une seule fois dans le texte coranique : « Et si la *mawoudatou*[16] est interrogée : pour quel péché a-t-elle été tuée[17] ». Cet unique verset citant le mot « *waad* » ne contient point d'interdiction, ni même le moindre reproche, il s'agit tout au plus d'un constat. Il est mentionné dans le texte pré-hégire[18], ce qui souligne que la lutte contre l'infanticide féminin s'inscrit comme un fondement du message divin.

Le Coran évoque également la pratique, sans toutefois la nommer, dans d'autres versets : « Lorsqu'on annonce à l'un d'eux la naissance d'une fille, son visage s'assombrit, il suffoque, il se tient à l'écart, loin des gens, à cause du malheur qui lui a été annoncé. Va-t-il conserver cette enfant, malgré sa honte, ou l'enfouira-t-il dans la poussière. Leur jugement n'est-il pas détestable[19] ».

Un autre passage du Coran prend ouvertement parti contre le prétexte généralement invoqué par les pères qui pratiquent le *waad*, c'est-à-dire la préférence affichée par la société préislamique pour les nouveau-nés mâles. Cette nette prise de position est clairement exprimée à travers les versets suivants : « Quoi ! N'aurait-Il pris que des filles, parmi ce qu'Il a créé, en vous accordant à vous les garçons ? Lorsqu'est annoncée, à l'un d'entre eux, la naissance de ce qu'il attribue au Tout-clément, alors sa figure s'assombrit, il est suffoqué de dépit. Quoi : Engendrer pareille créature qui grandira de fanfreluches vêtue, et ne pourra même pas soutenir une

---

[16] La victime du *waad*
[17] Sourate *Ettakwir*, versets 8 et 9
[18] C'est-à-dire avant l'exil du prophète Mahomet vers Yathrib, actuelle Médine, c'est-à-dire avant 622
[19] Sourate *Ennahl*, versets 58-59

discussion![20] » ; « Eh quoi ! L'enfant mâle serait-il pour vous et pour Lui la femelle. Ce serait là un injuste partage[21] ».

Dans un autre verset, le texte coranique adopte un ton plus rassurant et énonce : « …ne tuez pas vos enfants par crainte de la misère, car il sera pourvu par Nous à votre subsistance comme à la leur [22] ». Il n'est pas spécifiquement fait référence ici à l'un ou l'autre sexe, ce qui indique tout de même que l'infanticide pouvait autant concerner les garçons que les filles, probablement dans une approche malthusienne de la gestion des affaires familiales.

Le prophète Mahomet lui-même aura donné l'exemple : sa première femme, Khadija, ne lui donnera que des filles[23], tous les enfants de sexe masculin ayant succombé en bas âge[24]. Faut-il le rappeler, la mortalité infantile était effroyable tout au long du moyen âge. Malgré le manque de considération de la société préislamique envers une descendance exclusivement féminine, le prophète ne songea jamais à éliminer l'une de ses filles.

C'est donc tout naturellement que de nombreux *hadiths* ont clairement pris position contre l'infanticide, et plus particulièrement contre le *waad*. L'imam Abu Hamid Mohammed ibn Mohammed al Ghazaly rapporte ainsi le *hadith* suivant : « Celui qui a une fille et qui l'éduque de la meilleure façon, la nourrit de la meilleure façon et lui prodigue ce que Dieu lui a donné comme biens, sera pour lui une protection [contre le feu des enfers] et une aide pour l'accès au paradis[25] ».

Abdallah Ibn Abbas[26] rapporte quant à lui que le prophète Mahomet aurait dit : « Tout homme qui a deux filles et qui les traite avec bienveillance et générosité, tant qu'elles

---

[20] Sourate *Azzukhrufu,* versets 16-18
[21] Sourate *Annajm*, versets 21-22
[22] Sourate *Al Anâam*, verset 151
[23] Zeynab, Ruqaya, Fatma, Oum Kalthoum et les autres épouses ne seront pas plus heureuses en ce sens
[24] Le prophète adoptera pourtant deux garçons : son cousin Ali et un esclave affranchi dénommé Zayd
[25] Bouhdiba (Abdelwaheb), *L'individu et la société en Islam, volume 2, Les différents aspects de la culture islamique*, Paris, UNESCO, 1994, p.216
[26] Cousin paternel du prophète Mahomet

vivent avec lui, accède, à coup sûr et grâce à elles, au Paradis[27] ».

Al Ghazaly énonce également qu'un croyant « ...ne doit pas trop se réjouir de la naissance d'un garçon ni trop s'attrister de celle d'une fille car il ne sait point d'où peut provenir le bien. Et combien de pères de garçons ou de filles ont souhaité, après coup, ne pas les avoir eus. Et pourtant les filles font preuve de plus de loyauté et Dieu, à travers elles, récompense plus amplement leurs parents[28] ».

Dans un contexte généralisé de survalorisation de l'élément masculin, on comprend bien la stratégie du prophète Mahomet de construire un plaidoyer en vue de réintroduire un certain équilibre entre les sexes, en commençant par l'interdiction de l'infanticide féminin. Ce plaidoyer va cependant bien au-delà du *waad*, puisque Al Ghazaly rapporte deux autres *hadiths* tout aussi célèbres : « Celui qui se rend à une foire organisée par des musulmans et qui y acquiert quelque chose qu'il ramène chez lui et qu'il destine aux filles et aux femmes à l'exclusion des mâles, Dieu pose sur lui son regard. Et ceux que Dieu regarde ne seront point torturés », et « Celui qui va au marché et ramène des achats pour les siens agit comme si il faisait à travers eux une offrande à Dieu. Aussi doit-il commencer par les filles avant les garçons, car celui qui fait plaisir à une fille est comparable à celui qui pleure par crainte de Dieu, Dieu interdit son corps au feu de l'enfer[29] ».

Enfin, le juriste et mufti musulman Ibn al Qayim al Jawzya rapporte que le prophète Mahomet aurait publiquement déclaré un jour : « Parmi les droits de l'enfant sur son père, il y a celui d'être traité sur le même pied d'égalité que ses autres frères et sœurs[30] ». Ce n'est donc pas simplement le *waad*, homicide féminin, qui est combattu par l'Islam naissant. On le

---

[27] Al Ghazaly (Abu Hamid Mohammed ibn Mohammed), *Ihya Ulum el din*, II, Le Caire, 1939, pp. 54-55
[28] Bouhdiba (Abdelwaheb), *L'individu et la société en Islam, volume 2, Les différents aspects de la culture islamique*, Paris, UNESCO, 1994, p. 216
[29] Al Ghazaly, *Ihya Ulum el din*, II, Le Caire, 1939, p. 55
[30] *Ibn Al Qayim Al Jawzya, Tuhfat al mawdud bi ahkem al mawlud*, Dar al kiteb al arabi, Beyrouth, 1983, p. 176

voit bien ici, c'est la discrimination de genre qui est remise en cause, dès les premiers instants de vie.

Malgré tout, le message fort de l'Islam à l'encontre du *waad* aura du mal à ébranler les convictions et les traditions séculaires ancrées dans la société de l'époque. C'est ainsi que les sociétés modernes ont hérité des pratiques de violences païennes à l'égard des femmes.

La préférence pour les enfants mâles dans la Tunisie moderne : un héritage du *waad* ?

En dépit de l'engagement clair de l'Islam en faveur d'une égalité entre les sexes dès la naissance, la société arabe moderne marquera longtemps sa préférence envers les nouveau-nés de sexe masculin. L'orientaliste allemande Wiebke Walther avait bien compris que la naissance d'une fille ne provoquait pas la même joie que celle d'un garçon dans la société arabe moderne : « Si les femmes qui l'aidaient à mettre son enfant au monde ne poussaient pas de cris d'allégresse, chantant les louanges d'Allah, dès que le bébé était là, mais se bornaient à de discrets chuchotements, ce comportement à lui seul permettait de conclure qu'elle avait donné naissance à une fille et non à un garçon, avant qu'on le lui dise ou qu'on lui montre le nouveau-né [31] ».

Nous avons effectivement trouvé traces dans la *Sunna* de textes recommandant d'égorger deux dromadaires à la naissance d'un garçon, un seul étant suffisant lorsqu'il s'agissait d'une fille…

Au cours de travaux de terrain effectués dans les campagnes de Sidi Bouzid et de Gafsa, il nous était arrivé d'être présent à des accouchements à domicile : il est vrai que si la mère donnait naissance à un garçon, les femmes présentes poussaient systématiquement des *youyous*[32], et s'écriaient avec

---

[31] Walther (Wiebke), *Femmes en Islam*, Paris, Sindbad, 1981
[32] Onomatopée désignant un cri long, aigu et modulé, poussé par les femmes d'Afrique du Nord, y compris les juives séfarades, et par extension de certaines régions du Moyen-Orient et de certains pays d'Afrique subsaharienne, pour manifester une joie lors de rassemblements

une joie manifeste : « *Mabrouk hal tarres !*[33] ». Si c'est d'une fille qu'il s'agit, la joie est certes manifestée, mais d'une manière plus modérée, sans *youyou*, en murmurant plus modestement « *Mabrouk hal hattaba !*[34] ». L'expression, que l'on retrouve également dans les campagnes algériennes[35], en dit long sur ce qui attend la future jeune femme.

Les nouvelles règles successorales édictées par le texte coranique n'arrangent guère les choses, bien au contraire. En effet, en cas d'absence de descendants mâles, les collatéraux du premier et même du second degré auront droit à une part de l'héritage. Dans ces conditions, *oum el banat*[36] risque d'être lésée par l'intrusion d'une parentèle agnatique éloignée.

Quoiqu'on ait dit à l'époque de l'avènement de l'Islam, la descendance masculine restait encore la voie royale vers la sécurité matérielle et psychique de la mère arabe, et en particulier dans un contexte de polygamie. D'où cette psychose de l'enfant mâle, dont le sociologue tunisien Abdelwaheb Bouhdiba nous donne un exemple particulièrement saisissant : « Et après tout la princesse *Shehrazade* des Mille et une Nuits doit-elle son succès à autre chose que d'avoir su, sans perdre son temps, donner à son maître en trente-trois mois trois enfants tous de sexe masculin ?... Angoisse des matrices vides, terreur des fausses couches, obsession des naissances féminines, malchance des mortalités infantiles, telle est la quadruple hantise de la mère arabe[37] ». Le conte des Mille et une Nuits, très populaire, n'aura fait que refléter l'*imago* de la progéniture masculine qui régnait au début de l'ère islamique.

Le statut de la toute-puissante belle-mère, régnant sur plusieurs belles-filles, a longtemps idéalisé la nombreuse descendance masculine. Ce statut réconfortant, gage de sécurité économique mais également de puissance au sein de la tribu, a

---

[33] Béni soit ce jeune homme !
[34] Bénie soit cette ramasseuse de bois !
[35] Gaudry (Mathéa), *La femme chaouïa de l'Aurès. Étude de sociologie berbère*, Paris, Librairie orientaliste Paul Geuthner, 1929
[36] Mère ayant enfanté exclusivement des filles
[37] Bouhdiba (Abdelwaheb), *La sexualité en Islam*, Paris, PUF, 1975, p. 264

dévalorisé les naissances féminines. Ne disait-on pas autrefois à Tunis que « *louled amara ou ettoufla khsara* ?[38] ».

L'historienne tunisienne Alya Bayram écrit ainsi : « La femme qui donne naissance à un garçon est plus considérée et plus aimée par ses beaux-parents, aussi lui souhaite-t-on toujours un garçon[39] ». L'anthropologue française Mathéa Gaudry fait d'ailleurs le même constat pour la société algérienne : « L'homme tient toujours à être père, pour maintenir plus sûrement son épouse dans les liens du mariage, pour l'"attacher", comme on dit en Aurès, et père d'un garçon pour mieux assurer la conservation de son patrimoine[40] ».

Cette obsession de la progéniture masculine dans la culture arabo-musulmane a d'ailleurs été à l'origine du développement de toute une tradition médicale magico-religieuse, assortie d'une pharmacopée à la limite du rationnel[41].

Il y aurait également des signes avant-coureurs annonçant l'un ou l'autre sexe, que l'on se transmet encore d'une génération à l'autre dans les campagnes tunisiennes, et dont les échos, plus ou moins déformés, parviennent jusqu'aux portes des grandes villes, colportés par les ouvrières et les femmes de ménage : une femme enceinte d'un garçon s'assied toujours les jambes croisées, l'enfant se situe dans la partie droite du sein, la mère souffre de convulsions dans l'abdomen, elle sent des mouvements à partir du cinquième mois, son visage s'amincit, les vaisseaux sanguins deviennent visibles, et son ventre prend de l'ampleur,...

Si en revanche il s'agit d'une fille, la future mère s'assoit en étendant les jambes, l'enfant se situe dans la partie gauche du sein, des douleurs se manifestent dans le ventre et dans la partie supérieure du corps, et après trois mois, la mère sent de légers

---

[38] Le garçon apporte la prospérité, et la fille la ruine. Bayram (A.), « La naissance à Tunis dans les milieux de la bourgeoisie traditionnelle », in *Cahiers des arts et traditions populaires*, 1971
[39] Bayram (A.), « La naissance à Tunis dans les milieux de la bourgeoisie traditionnelle », in *Cahiers des arts et traditions populaires*, 1971, p. 7
[40] Gaudry (Mathéa), *La femme chaouïa de l'Aurès. Étude de sociologie berbère*, Paris, Librairie orientaliste Paul Geuthner, 1929, p. 97
[41] Des remèdes plus que douteux sont vendus aujourd'hui encore dans les souks de Tunis, destinés à favoriser une naissance masculine

mouvements, le ventre ne grossit pas, et le visage jaunit[42]. Certaines femmes auraient des compétences naturelles, voire divines, pour déceler de tels signes.

On observe même aujourd'hui quelques résurgences de la mentalité préislamique sanguinaire à l'égard des filles. Les populations berbères du Sahara, et en particulier les Touaregs, tolèreraient encore l'infanticide féminin et l'avortement, dans la mesure où cela soulage les jeunes femmes enceintes malgré elles[43].

Nous avons eu l'occasion de sillonner les campagnes tunisiennes, dans le cadre d'enquêtes sociodémographiques menées pour le compte des Nations Unies ou d'Organisations Non Gouvernementales. Dans ces familles, la naissance d'une fille est souvent considérée comme un fardeau, en raison d'un coût en nourriture, en soins, en vêtements, moins souvent en éducation, qui finalement n'apporte rien à la famille. En effet, le garçon va assurer la continuité du foyer, par ses revenus. La fille quant à elle, finira tôt ou tard par quitter ses parents pour intégrer un autre foyer.

Certes, nous n'en sommes plus à un infanticide féminin – trop barbare – ni même à un avortement sélectif – trop high tech[44] – mais c'est plutôt de négligence genrée qu'il s'agit désormais : c'est le garçon qui va à l'école, la fille apprendra à la maison. Si le garçon tombe malade, on prend la peine d'aller au *mostawsef*[45] ; si c'est la fille, ma foi elle guérira par la volonté de Dieu.

---

[42] Claus (G.), « Grossesse, naissance et enfance. Us et coutumes chez les Bédouins Ghrib du Sahara tunisien », in *Les Cahiers de l'IREMAM, Conception, naissance et petite enfance au Maghreb*, Institut de Recherches et d'Etudes sur le Monde Arabe et Musulman, 1997 ; voir également Bayram (A.), « La naissance à Tunis dans les milieux de la bourgeoisie traditionnelle », in *Cahiers des arts et traditions populaires*, 1971
[43] Seklani (M.), « La fécondité dans les pays arabes, données numériques, attitudes et comportements », in *Population n°5*, Institut National des Etudes Démographiques, 1960
[44] Depuis 1972, on sait détecter la présence du chromosome Y par amniocentèse des cellules fœtales, et depuis 2005 par test ADN. Ces techniques restent cependant risquées et coûteuses, et on leur préfère la traditionnelle échographie. Toutes ces méthodes restent l'apanage de certaines classes sociales
[45] Dispensaire

Dans les familles urbaines, qui représentent tout de même les deux tiers de la population tunisienne, on n'avoue jamais de préférence quelconque pour des naissances féminines : « C'est la volonté d'Allah », « Tout est bon », a-t-on coutume de dire. Tout au plus, on évoquera le « choix du roi[46] », composition idéale largement retenue par les familles tunisiennes[47].

Malgré tout, il n'est pas rare aujourd'hui encore de voir des familles tunisiennes composées de trois filles et d'un petit dernier garçon, résultat de naissances répétées de filles, la volonté inavouée des parents étant d'engendrer au moins un descendant mâle[48]. Certes en Tunisie, le père n'enterre plus ses petites filles au fond de son jardin, mais il est clair que les réminiscences du *waad* sont encore bien ancrées dans l'imaginaire de la famille tunisienne moderne.

Les Tunisiens ne sont pas les seuls à préférer les garçons : une prière juive du matin ne débute-t-elle pas par « *baroukh ata adonaï che lo asani isha*[49] » ? De même, aujourd'hui encore en Inde, on souhaite à la jeune mariée de nombreux fils, mais pas de filles, car un vieux proverbe dit que « Élever une fille, c'est comme arroser le jardin d'un voisin » : il faudra de surcroit payer une dot à la famille du mari. Autre exemple, dans la Chine de l'enfant unique, il était d'usage que « Puisqu'il ne faut avoir qu'un seul enfant alors ce sera forcément un garçon ».

---

[46] Expression d'origine médiévale, exprimant le souhait d'avoir un garçon et une fille. Le fils assurait au roi de transmettre le trône et perdurer son nom. Quant à la fille, elle permettait de nouer des alliances avec des familles puissantes, par le biais d'un mariage stratégique
[47] Par exemple, la plupart des publicités télévisées des produits de grande consommation (yaourt, abonnements téléphoniques, produits bancaires,...) mettent en scène des familles tunisiennes composées des deux parents, accompagnés d'un garçon et d'une fille
[48] En France, les parents qui ont deux garçons ou deux filles décident plus souvent d'avoir un troisième enfant que ceux qui ont un garçon et une fille. Mais cela ne traduit pas une préférence pour l'un ou l'autre sexe. Pour plus de détail, voir Régnier-Loilier (Arnaud), Toulemon (Laurent), *Social differences in sex preference for children in France*, New York, 2007
[49] Merci mon Dieu de ne pas m'avoir fait femme

Notons pour finir que l'ethnologue et anthropologue franco-américaine Anne Mac Kaye Chapman (1922-2010) avait relevé cette pratique de l'infanticide féminin dans un tout autre contexte, chez les Eskimos[50]. Dans cette société vivant quasi exclusivement de chasse, le but était de réduire le temps perdu pendant l'allaitement et l'aménorrhée post-partum, lorsque la femme n'est pas fécondable, en espérant qu'un garçon-chasseur naitra rapidement.

---

[50] Mac Kaye Chapman (A.), « Infanticide and fertility among Eskimos: a computer simulation », in *American Journal of Physical Anthropology*, 53 (2), août 1980, pp. 317-27

Chapitre II
HOMMES, FEMMES ?

Selon une sorte de mystérieuse loi naturelle, il naît systématiquement un peu plus de garçons que de filles, en moyenne 105 nouveau-nés de sexe masculin pour 100 de sexe féminin. Ce rapport immuable varie très peu dans l'espèce humaine, que ce soit dans le temps ou dans l'espace. Seule exception à la règle, la proportion des garçons chez les nouveau-nés dans quelques pays asiatiques, tels que la Chine et la Corée du sud, a connu une très nette augmentation depuis les années 1980. Ce phénomène, pas vraiment naturel, est dû à la généralisation de l'avortement sélectif, nettement en faveur des garçons.

Le ratio de masculinité en Tunisie

Le ratio de masculinité est un indicateur fréquemment employé en démographie. Rapport de la population masculine à celle féminine, il permet d'évaluer l'équilibre entre sexes dans une société. Que le lecteur pardonne l'usage exagéré que nous en faisons tout au long de cet ouvrage, nous reconnaissons être obsédé par cet indicateur, au point de le calculer systématiquement en entrant dans une salle de classe, par exemple.

Les statistiques de l'état civil tunisien confirment ce qui est admis comme une loi naturelle, à savoir qu'il naît toujours un peu plus de garçons que de filles. Au niveau mondial, on estime le ratio de masculinité à la naissance à 1.05, c'est-à-dire qu'il naît grosso modo 5% de garçons plus que de filles. Cette situation est ensuite rapidement rééquilibrée par une légère surmortalité infantile masculine.

En Tunisie, le ratio de masculinité à la naissance obéit à peu près à cette loi naturelle, puisqu'il naît environ 6% de garçons plus que de filles. Toutefois, si l'on considère l'ensemble de la population, le ratio de masculinité est en constante baisse depuis le milieu des années 1950, comme on le voit dans le tableau ci-dessous :

Ratio de masculinité de la population tunisienne

Année	Ratio de masculinité à la naissance	Ratio de masculinité
1956	1.01	1.08
1966	1.04	1.04
1975	1.04	1.03
1984	1.06	1.03
1994	1.06	1.02
2004	1.06	1
2014	1.06	0.99
2024	1.06	0.97

(Source : INS, état-civil)

 Ainsi, si en 1956 les hommes semblaient être nettement plus nombreux que les femmes, l'écart entre sexes n'a cessé de se resserrer, jusqu'à atteindre un parfait équilibre depuis 2004. Le recensement de 2014 avait même révélé un début de féminisation de la population : aujourd'hui, pour la première fois dans l'histoire démographique de la Tunisie, les femmes sont – un peu – plus nombreuses que les hommes. Les prévisions à l'horizon 2024[51] laissent à penser que l'écart va continuer à se creuser en faveur des femmes.

 Ce phénomène peut s'expliquer en partie par la surmortalité masculine qui persiste en Tunisie, et notamment au niveau des jeunes adultes et des seniors. Nous y reviendrons à la fin de l'ouvrage, lorsque nous aborderons la mortalité différentielle entre hommes et femmes.

 L'autre raison tient à la féminisation de la migration en Tunisie. En effet, nous commençons à sortir progressivement du schéma traditionnel d'une migration d'emploi exclusivement masculine, puisque désormais ce sont des familles entières, voire des femmes seules qui quittent le pays pour s'installer ailleurs. Nous y reviendrons.

---

[51] Il s'agit de Prévisions faites par l'Institut National des Statistiques, selon une hypothèse moyenne, qui nous semblent tout à fait plausibles

La répartition de la population par sexe évolue toutefois avec l'âge. Le graphique ci-dessous indique en effet que le ratio de masculinité par âge évolue en dents de scie :

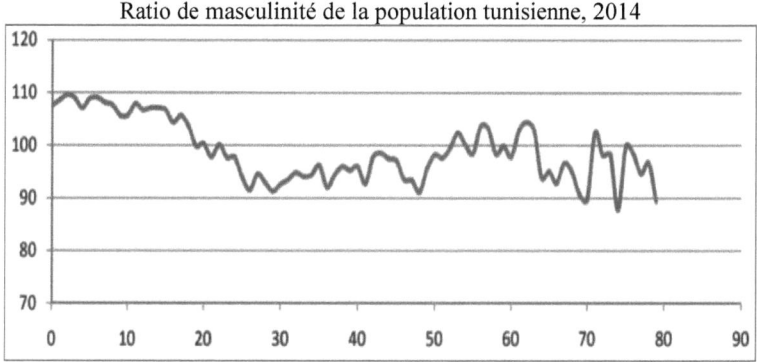

(Source : Recensement Général de la Population et de l'Habitat 2014)

Nous constatons que le ratio de masculinité est supérieur à l'unité à la naissance, étant à peu près de 1.08 (108% sur le graphique). Cela signifie qu'il naît un peu plus de garçons que de filles.

Dès les premières années de vie, le ratio de masculinité de la population diminue, tout en restant supérieur à l'unité jusque vers l'âge de 20 ans, ce qui signifie que les hommes sont plus nombreux que les femmes. Le rapport s'inverse ensuite jusqu'à atteindre un équilibre entre les deux sexes à l'âge de 52 ans, pour redescendre ensuite jusque vers l'âge de 70 ans.

La surfémininité de la population tunisienne à l'âge adulte, grosso modo entre 20 et 50 ans s'explique par une surmortalité masculine, liée à la mortalité violente, plus spécifiquement masculine (accidents de la route, accidents du travail), mais également le tabagisme et l'alcoolisme, autant de causes de décès qui semblent moins concerner les Tunisiennes.

D'une manière générale, les femmes adoptent un mode de vie plus sain, et ont une fréquentation médicale plus régulière que celle des hommes, qui leur permet d'anticiper le traitement des pathologies chroniques. La mortalité maternelle n'étant pas particulièrement élevée en Tunisie, la femme conserve donc un net avantage par rapport aux hommes, en ce qui concerne leur survie. Nous y reviendrons dans un chapitre spécifiquement dédié à la mortalité féminine.

Une autre explication plausible de la surféminité de la population adulte est liée à la migration internationale, qui semble concerner davantage les hommes. En superposant les courbes de l'évolution par âge du solde migratoire international et du ratio de masculinité, nous obtenons le graphique suivant :

Solde migratoire international des hommes et ratio de masculinité, Tunisie, 2014

[Graphique : solde migratoire pour les hommes ; rapport de masculinité]

(Source : Recensement Général de la Population et de l'Habitat 2014)

On voit clairement que les deux courbes évoluent d'une manière à peu près parallèle, ce qui laisse penser qu'il pourrait exister un lien entre les deux phénomènes : les hommes s'expatriant plus souvent à l'âge adulte, les femmes restant en Tunisie deviennent proportionnellement plus nombreuses entre 20 et 60 ans. Nous y reviendrons dans un chapitre centré sur la migration féminine.

Où sont les femmes ?

C'est en effet la question que l'on peut se poser à ce stade de la réflexion : dans quelles régions de la Tunisie trouve-t-on plus de femmes que d'hommes ? Pour le savoir, nous avons synthétisé dans le tableau suivant la répartition de la population par sexe et par gouvernorat, d'après le dernier recensement :

Population par sexe et par gouvernorat, Tunis, 2014

Gouvernorat	Hommes	Femmes	Ratio de masculinité
Tunis	528144	528102	1
Ariana	291935	284153	1.03
Ben Arous	316743	315098	1.01
La Manouba	191860	187659	1.02
Nabeul	398685	389234	1.02
Zaghouan	88061	88884	0.99
Bizerte	286635	281584	1.02
Béja	151383	151646	1
Jendouba	196464	205013	0.96
Le Kef	120608	122545	0.98
Siliana	109651	113436	0.97
Sousse	338801	336017	1.01
Monastir	274216	274614	1
Mahdia	199801	211011	0.95
Sfax	480699	474720	1.01
Kairouan	280186	290249	0.97
Kasserine	218016	221228	0.99
Sid Bouzid	214673	215238	1
Gabes	183719	190579	0.96
Médenine	234249	245271	0.96
Tataouine	70906	78549	0.9
Gafsa	166417	170914	0.97
Tozeur	53053	54856	0.97
Kébili	77342	79619	0.97
Total	5472247	5510219	0.99

(Source : Institut National des Statistiques, *RGPH 2014*, Tunis, INS, 2014)

Le tableau indique clairement que les gouvernorats côtiers, qui sont les plus développés sur le plan économique, affichent une nette surmasculinité de la population. Il s'agit du Grand Tunis, Nabeul, Bizerte, Sousse et Sfax. A contrario, dans les gouvernorats de l'intérieur, bien plus pauvres, tels Tataouine, Jendouba, Gabès ou Médenine, les femmes sont plus nombreuses que les hommes.

Une explication probable serait liée au fait que les régions les plus dynamiques sur le plan économique attirent plus les hommes à la recherche d'emploi. A Tataouine par exemple, c'est dans la tranche d'âge des 25-29 ans que la surfémininité de la population est le plus marquée : avec un ratio de masculinité de 0.76, soit 3 hommes pour 4 femmes, le déséquilibre devient quasiment visible à l'œil nu.

En portant les ratios de masculinité de la population sur une carte[52], on peut alors représenter la « Tunisie des femmes », régions dans lesquelles les femmes sont plus nombreuses que les hommes :

---

[52] Nous avons représenté en gris les gouvernorats dans lesquels le ratio de masculinité est inférieur à l'unité, signe de surfémininité de la population

Premier constat : la Tunisie appartient aux femmes, au sens où elles sont quasiment partout plus nombreuses que les hommes. Mais à y regarder de près, ce sont des territoires vides, déshérités, souvent misérables que les hommes ont bien voulu laisser aux femmes.

En effet, les hommes restent numériquement supérieurs dans les régions du Nord et le long du littoral, là où l'industrie et les services fournissent encore un emploi, là où les services sociaux de l'Etat sont présents, et fonctionnent correctement, là où il fait bon vivre. Si partage du territoire il y e eu, les femmes n'auront obtenu que la lie.

Par ailleurs, si on observe la répartition de la population selon le milieu, on constate un parfait équilibre entre les deux sexes : les villes comptent 49.9% de femmes et les campagnes en comptent 50.4%. Le taux d'urbanisation des femmes est à peu près équivalent à celui de l'ensemble de la population, soit 67.7%[53].

Si certains territoires semblent davantage peuplés par les femmes, en revanche rien ne permet d'affirmer que les Tunisiennes soient plus présentes dans les villes ou dans les campagnes. L'image de l'épouse travaillant la terre avec sa marmaille, avec son mari exilé dans les chantiers des villes, n'est apparemment plus d'actualité.

---

[53] Institut National des Statistiques, *Recensement Général de la Population et de l'Habitat 2014*, Tunis, INS, 2015

Deuxième partie
VIVRE FEMME

Une petite tunisienne est née, et va – certainement ? – égayer le foyer de ses parents. Commence alors l'apprentissage de la vie, la socialisation avec son lot d'émerveillement, de déceptions, de remises en question. Le sexe cède alors progressivement la place au genre.

Dans cette deuxième partie, nous nous attacherons à examiner les premiers pas de la jeune fille tunisienne dans sa société : nous commencerons par voir comment elle se forme, au travers d'un examen approfondi des indicateurs d'éducation primaire, secondaire, universitaire, publiés par le ministère de l'Education et celui de l'Enseignement supérieur et de la recherche scientifique.

Suivant toujours un ordre chronologique, nous réfléchirons ensuite sur la manière dont la femme tunisienne participe à la vie économique, en travaillant d'une manière formelle ou informelle. Cela nous amènera alors à nous intéresser à la manière dont elle est rétribuée pour son effort, et à examiner les opportunités qui lui sont offertes pour évoluer dans sa carrière.

Nous clorons cette deuxième partie avec un chapitre centré sur les spécificités de la migration féminine en Tunisie, qu'il s'agisse de mobilité interne ou de migration internationale.

Chapitre III
L'EDUCATION

Les chiffres liés aux caractéristiques d'éducation sont difficiles à collecter, et se font généralement à l'occasion des recensements, ou lors de quelques grandes enquêtes ponctuelles par sondage auprès des ménages. Nous avons saisi l'opportunité du récent recensement tunisien pour mener quelques réflexions sur l'alphabétisation et la scolarisation – primaire, secondaire et universitaire – différentielles des femmes.

L'analphabétisme des femmes

Le tableau suivant nous renseigne sur l'évolution du taux d'analphabétisme[54] en Tunisie pour les années censitaires depuis 1956.

Taux d'analphabétisme par sexe (%)

Année	Hommes	Femmes	Ratio de masculinité (H/F)	Total
1956	74.5	96	0.78	84.7
1966	53.9	82.4	0.65	67.9
1975	42.3	67.9	0.62	54.9
1984	34.6	58.1	0.6	46.2
1994	21.2	42.3	0.5	31.7
2004	14.8	31	0.48	22.9
2014	12.8	25.6	0.5	19.3

(Source : Institut National des Statistiques)

On le voit bien ici, le taux d'analphabétisme en Tunisie a très fortement reculé depuis l'acquisition de l'indépendance en 1956. Le mouvement a concerné tant les hommes que les femmes, du fait notamment de la politique d'éducation gratuite et obligatoire mise en place par le président Habib Bourguiba.

Nous constatons toutefois que l'analphabétisme a reculé beaucoup plus rapidement pour les hommes que pour les

---

[54] Part de la population âgée de plus de 10 ans, ne sachant ni lire ni écrire un texte courant. Notons que, en 2014 la Tunisie comptait 4606100 femmes appartenant à cette tranche d'âge

femmes. Le ratio de masculinité de l'analphabétisme a ainsi nettement reculé, passant de 0.78 à seulement 0.5, ce qui signifie que aujourd'hui, le «*jahl*[55]» est encore deux fois plus élevé chez les femmes que chez les hommes. Autrement dit, l'éducation et la sortie de l'ignorance dont rêvait Tahar Haddad ont davantage bénéficié aux hommes qu'aux femmes[56].

Pourtant, l'école tunisienne n'a jamais été fondamentalement discriminante, ouvrant généreusement ses portes aux filles autant qu'aux garçons. En fait, c'est un effet de génération qui a pleinement joué ici : les Tunisiennes aujourd'hui analphabètes sont quasiment toutes âgées de plus de 60 ans. Elles n'avaient pas eu l'opportunité de fréquenter l'école dans les années 1950-1960, durant les premières années d'indépendance du pays, à un moment où le jeune système scolaire, modernisé, laïcisé et démocratisé, était en pleine transition.

A cette époque de transition, les familles hésitaient encore à envoyer leurs filles à l'école, d'autant plus que diverses formes d'éducation coexistaient : l'école publique, le *kouttab*[57], les écoles françaises, les percepteurs privés,… La plupart de ces structures éducatives étaient réservées à une élite urbaine, voire une bourgeoisie rurale.

C'est la raison pour laquelle l'analphabétisme féminin se concentre aujourd'hui, d'une façon mécanique, dans les tranches d'âge supérieures. En 2014 par exemple, 59.5% des femmes âgées de plus de 60 ans étaient analphabètes, atteignant même des taux record de 93.2% chez les femmes de plus de 80 ans[58]. D'où le stéréotype de la *hajja*[59] inculte.

L'analphabétisme féminin se concentre également dans le milieu rural : en 2014, le taux d'analphabétisme était de 17.9%

---

[55] Ignorance
[56] Haddad (Tahar), *Notre femme dans la législation islamique et la société*, Tunis, 1930
[57] Ecole coranique
[58] Institut National des Statistiques, *Recensement Général de la Population et de l'Habitat 2014*, Tunis, INS, 2015
[59] Femme ayant accompli le pèlerinage ; désigne une femme âgée

en milieu urbain[60], mais de 41.7% dans les campagnes[61]. Dans certains gouvernorats du sud du pays, il est même quasiment impossible de rencontrer des femmes âgées de plus de 60 ans sachant lire et écrire : à Gafsa par exemple, l'analphabétisme des femmes rurales de plus de 60 ans atteint le taux record de 96.8%. Les femmes rurales âgées avaient très peu de chance de fréquenter l'école lorsqu'elles étaient scolarisables[62], dans les années postindépendance, du fait notamment d'une représentation négative de l'éducation des filles, de la dispersion des villages, et de l'absence de moyens de transport. L'effet inverse joue également ici : si l'analphabétisme féminin se concentre en milieu rural, c'est également le fait de la migration des femmes instruites vers les villes, pour y poursuivre leurs études ou y trouver un emploi.

Conscient du problème, le gouvernement avait lancé depuis 1992 une Stratégie Nationale d'Alphabétisation (SNA), qui a ensuite été relayée en 2000 par le Programme National d'Enseignement pour Adultes (PNEA). Plus récemment, une nouvelle stratégie nationale « d'alphabétisation, d'éducation non formelle et d'enseignement pour adultes » a été programmée, dans le cadre du Plan de développement quinquennal 2016/2020, visant à éradiquer l'analphabétisme à l'horizon 2025.

L'analphabétisme féminin étant aujourd'hui concentré chez les femmes très âgées, le phénomène devrait tendre à disparaître progressivement avec l'extinction des plus anciennes générations rurales. Dans une vingtaine d'années, l'analphabétisme féminin aura naturellement disparu en Tunisie.

---

[60] En Tunisie, un milieu est considéré urbain s'il est rattaché à une commune. L'urbanité et son corollaire la ruralité sont donc avant tout des faits administratifs, et ne dépendent pas directement de l'environnement. Pour plus de détails sur cette définition quelque peu atypique de l'urbain et du rural, voir Bouhdiba (Sofiane), *La mortalité urbaine en Tunisie*, Tunis, Centre de Publication Universitaire, 2012, pp. 29-30
[61] Institut National des Statistiques, *Recensement Général de la Population et de l'Habitat 2014*, Tunis, INS, 2015
[62] Il faut toutefois considérer ici le fait que beaucoup de femmes ont connu une enfance rurale avant de migrer vers une ville pour s'y installer

La surfémininité actuelle du taux d'analphabétisme tranche avec le ratio de masculinité du taux de scolarisation, qui est désormais à peu près stabilisé autour de l'unité. Voyons cela de plus près.

La scolarisation des filles

En 1957, le taux de scolarisation[63] était de 69.1% chez les garçons, mais seulement 30.9% chez les filles. Ainsi, au lendemain de l'indépendance, selon que l'on était un garçon ou une fille, la probabilité d'aller à l'école variait du simple au double. Les perspectives d'avenir étaient différentes, aussi. D'un certain point de vue, on peut dire que le destin de la femme tunisienne se jouait lorsqu'elle n'était encore qu'une enfant.

La situation a bien changé aujourd'hui, puisque la décision de scolariser un enfant ne dépend plus de son sexe : le taux de scolarisation est désormais de 95.7% pour les garçons, et quasiment le même, 95.9% pour les filles. On note même une différence minime en faveur des petites filles.

Dans la continuité de l'alphabétisme, l'éducation supérieure s'inscrit comme un phénomène de génération. C'est ainsi que 53.1% des Tunisiennes diplômées du supérieur sont aujourd'hui âgées entre 25 et 35 ans, tandis que seulement 2.8% ont plus de 60 ans[64]. En effet, avec la démocratisation – *médiocratisation* – de l'enseignement supérieur, les filles issues des générations post 1990 avaient de bien plus grandes chances de fréquenter une université. L'autre effet de génération qui joue ici est lié à la mortalité, les jeunes femmes étant plus nombreuses que les seniors.

En ce qui concerne les hommes, seuls 38.7% des diplômés sont aujourd'hui âgés de 25 à 35 ans. Cela signifie que, chez les femmes la détention d'un diplôme universitaire est un phénomène bien plus concentré dans les nouvelles générations. Autre exemple significatif, 8.9% des hommes

---

[63] Population scolarisée rapportée à la population en âge de scolarisation, c'est à dire âgée de 6 à 14 ans
[64] Institut National des Statistiques, *Recensement Général de la Population et de l'Habitat 2014*, Tunis, INS, 2015

diplômés du supérieur sont âgés de plus de 60 ans, soit trois fois plus que chez les femmes. Cela renforce cette idée que, en ce qui concerne l'éducation supérieure, le « génération gap » serait bien plus grand chez les femmes que chez les hommes. Cela se traduit par une scène quotidienne dans de nombreux foyers tunisiens : lorsqu'il s'agit de faire réciter un écolier, la mère est disponible et efficace, mais dès lors qu'il s'agit d'aider un lycéen à résoudre une équation du second degré, l'expression « *chouf bouk !*[65] » est de mise[66].

La concentration des diplômées du supérieur dans les tranches d'âge 25-35 ans est encore plus marquée dans les campagnes, puisque 63.6% des femmes rurales ayant un diplôme universitaire appartiennent à cette catégorie, tandis qu'à peine 0.8% des diplômées ont plus de 60 ans. En effet, les jeunes femmes aujourd'hui diplômées du supérieur continuent à vivre dans leurs familles rurales en attendant de trouver un emploi ou de se marier. Inversement, les femmes plus âgées qui ont obtenu dans leur jeunesse un diplôme universitaire ont quitté depuis belle lurette leurs campagnes natales, pour s'installer en ville.

En ce qui concerne les filières suivies à l'université, elles sont à peu près les mêmes pour les deux sexes, quoique les étudiantes manifestent une préférence pour les sciences humaines, 18.8% des diplômées du supérieur ayant une licence dans cette branche, contre 11.7% chez les hommes. Les cours de démographie et de sociologie que nous dispensons à l'université de Tunis sont ainsi quasiment exclusivement suivis par des jeunes femmes[67].

La différence est bien plus marquée en ce qui concerne l'ingénierie, qui représente seulement 4% des diplômes des

---

[65] Vois ça avec ton père !
[66] Cela est également lié au fait que les hommes ont plus souvent un cursus scientifique
[67] De plus, les étudiantes sont bien plus assidues que les étudiants, ce qui se traduit d'ailleurs à la fin de l'année par de bien meilleurs résultats pour celles-là

femmes, contre 12.6% chez les hommes[68]. Les filières suivies par les étudiantes sont également moins souvent pourvoyeuses d'emploi, ce qui expliquerait en partie la surféminité du chômage des diplômés du supérieur. Nous y reviendrons.

A priori, la situation de l'éducation semble idyllique en Tunisie. Pourtant, d'après le Global Gender Gap Index 2017, établi chaque année par le World Economic Forum, sur un total de 144 pays, la Tunisie n'occupe que la 126ème place, en ce qui concerne l'égalité de genre[69]. D'après un ratio de plusieurs critères touchant à la participation économique, à l'éducation, à la santé ou encore à la participation politique, la Tunisie obtient un score de 0.634[70]. Concernant l'éducation, le pays n'est qu'au 99ème rang[71]. Il est vrai que des inégalités de genre affectent l'éducation, et notamment dans les campagnes.

L'abandon scolaire en milieu rural

Si le taux de scolarisation des filles atteint quasiment l'unité dans les villes, en revanche les parcours scolaires s'annoncent bien plus chaotiques en milieu rural. Dans les campagnes, nécessairement pauvres voire misérables en Tunisie, la rupture avec l'école semble plus aisée. Le phénomène ne semble pas avoir évolué depuis quelques décennies, ce qui est problématique car la population rurale représente encore quasiment le tiers de l'ensemble de la population.

En effet, dans les familles rurales, il est encore d'usage que la jeune fille fréquente l'école uniquement durant le cycle primaire, pour plusieurs raisons. D'abord, si l'accès à un semblant d'école rurale est à peu près possible tous les jours, en revanche l'éloignement des collèges et des lycées, bien plus

---

[68] Institut National des Statistiques, *Recensement Général de la Population et de l'Habitat 2014*, Tunis, INS, 2015
[69] Notons que, au niveau régional, la Tunisie est tout de même en tête du classement des pays arabes
[70] Zéro étant l'absence totale d'égalité et l'unité représentant une parfaite égalité de genre
[71] World Economic Forum, *The Global Gender Gap Report 2017*, Genève, WEF, 2018, p. 11

rares et concentrés dans les villes, pose de très sérieux problèmes de transport. D'autant plus que le réseau de transport rural présente encore des caractéristiques médiévales dans l'arrière-pays.

C'est dans ce cadre que la société civile est aujourd'hui largement impliquée pour transporter les élèves dans les zones marginalisées des gouvernorats de l'intérieur, et en particulier Siliana, Le Kef, Kébili, Jendouba et Sidi Bouzid. L'objectif affiché par de nombreuses associations, « Faire du droit à l'enseignement un droit réel et non théorique et réduire le taux d'abandon scolaire dans les zones marginalisées surtout pour les fillettes » est certes louable, mais oh ! Combien difficile à atteindre.

Si les familles rurales font l'effort d'envoyer les garçons étudier dans les villes voisines, voire de loger dans des foyers, en revanche l'exil temporaire des filles est plus problématique. Si le *waad* ne se pratique plus, en revanche la petite fille rurale est encore, d'une manière ou d'une autre, socialement enterrée dans de nombreuses familles des campagnes.

Par ailleurs, dans un contexte de misère rurale, les maigres ressources du ménage sont allouées en priorité à l'éducation des garçons, les filles ayant toujours une hypothétique possibilité de réaliser une ascension sociale – ou du moins une reproduction sociale – au travers d'un mariage plus ou moins heureux.

Une enquête menée par le Centre de Recherches, d'Etudes, de Documentation et d'Information sur la Femme (CREDIF) en 2005, avait permis de constater que, en milieu rural, « La petite fille n'a pas à développer d'ambitions scolaires allant au-delà d'un certain seuil ; le seuil étant défini par l'âge auquel la vie extérieure deviendrait menaçante et le projet de mariage se rapproche[72] ». Inutile de préciser ici la symbolique érotique liée au mot « menaçante ». L'enquête date d'une dizaine d'années déjà, mais nous avons eu l'occasion de confirmer, au cours de récents travaux de terrains dans les

---

[72] Centre de Recherches, d'Etudes, de Documentation et d'Information sur la Femme, *La femme tunisienne, acteur de développement régional, Approche empowerment*, Tunis, CREDIF, 2005, p. 124

« zones d'ombre[73] », que la jeune fille représente toujours une « menace » dans les campagnes tunisiennes.

Au cours d'entretiens approfondis, nous avons eu l'occasion de souligner le paradoxe entre le discours des parents et celui des filles déscolarisées. Combien de fois, les deux parents nous avaient présenté, en parfait accord, leur fille comme étant peu motivée pour les études, ce qui aurait été finalement à l'origine d'un abandon scolaire. Pourtant des entretiens complémentaires et en aparté avec la jeune fille en question révélaient le plus souvent qu'elle aimait bien, ma foi, aller à l'école, rencontrer des filles et des garçons de son âge, participer en classe, prendre le goûter dans la cour[74]. L'examen des bulletins scolaires montraient par ailleurs que les notes des filles déscolarisées étaient loin d'être catastrophiques. En tous les cas, pas au point de justifier un abandon des cours.

L'enquête réalisée par le Centre de Recherches, d'Etudes, de Documentation et d'Information sur la Femme avait révélé des situations émouvantes en 2005, dans une Tunisie pourtant moderne et émancipée : « Mes parents me présentaient aux gens comme étant très peu motivée pour l'école[75], alors que j'étais au contraire au-dessus de la moyenne, et j'aimais l'école, j'étais en 8ème année[76], en février il a plu pendant une semaine, mes parents m'ont convaincue que je ne devais plus retourner et que cela devenait irrécupérable ; j'avoue que j'étais très heureuse de quitter. Que Dieu leur pardonne… Ils ont pensé à leurs intérêts, pas aux miens…

---

[73] Dénomination officielle des milieux ruraux les plus défavorisés de l'intérieur du pays
[74] Le goûter scolaire est parfois la principale, voir l'unique source énergétique des enfants ruraux. Le ministère de l'Education fournit parfois gratuitement, au gré des budgets, un goûter aux élèves inscrits dans les écoles des zones démunies. Il s'agit toutefois d'actions ponctuelles, du fait du manque de moyens humains et financiers. Durant l'année scolaire 2016-2017, par exemple, les goûters gratuits avaient permis d'absorber l'important excédent de production de lait fourni par les agriculteurs
[75] Cela permettait probablement de rassurer les éventuels partis
[76] Equivalent à la 2ème année de collège, ou 5ème du système scolaire français

J'étais contente à l'école cette année-là... Mes amies viennent d'avoir le bac et sont à l'Université de Sousse[77] ».

Une autre raison, plus plausible, de l'abandon scolaire des filles rurales, est liée à leur participation précoce à la vie économique de la famille. Une enquête menée auprès de familles rurales en 2005 avait ainsi fait état de la « cession de la toute jeune fille en tant que domestique en ville, transaction présentée comme étant une occasion d'apprentissage de son futur rôle de femme, pour apprendre à tenir une maison et à bien assurer les tâches ménagères, être au fait des équipements domestiques modernes[78] ». C'est un peu ce que font encore certaines familles aristocratiques européennes, dans un contexte tout autre il est vrai, en envoyant leurs filles en stages dans les prestigieuses « écoles de bonnes manières » de Neuchâtel ou d'Oxford.

Il faut souligner que cette pratique de l'emploi des *khdima*[79], qui concurrence la scolarisation des filles, est ancienne en Tunisie. Cela fait bien longtemps que les petites filles misérables, parfois guère âgées de plus de huit ans, quittent leurs villages de l'intérieur du pays[80] vers la capitale ou les grandes villes. Ces migrantes involontaires quittent définitivement l'école pour être brutalement mises au service des demeures cossues tunisoises, et y entretenir la maison, faire la cuisine, faire les courses ou s'occuper – sans toutefois dépasser un certain seuil de familiarités – des enfants en bas âge.

Enfant, nous avions eu l'occasion de côtoyer ces petites filles, ce qui soulevait des questions aussi puériles que : « D'où viennent-elles ? », « Pourquoi sont-elles si différentes de mes amies ? », « Pourquoi ce foulard multicolore sur la tête ? »,

---

[77] Centre de Recherches, d'Etudes, de Documentation et d'Information sur la Femme, *La femme tunisienne, acteur de développement régional, Approche empowerment*, Tunis, CREDIF, 2005, p. 124
[78] Centre de Recherches, d'Etudes, de Documentation et d'Information sur la Femme, *La femme tunisienne, acteur de développement régional, Approche empowerment*, Tunis, CREDIF, 2005, p. 124
[79] Bonniche
[80] La région de *Aïn Draham*, située au Nord-Ouest de la Tunisie, est traditionnellement pourvoyeuse de ces « petites bonnes »

« Ont-elles des parents ? » « Vivaient-elles dans une caverne ? »,...

 Dans ce contexte, la rupture scolaire en milieu rural est parfois liée aux cycles agricoles, car les jeunes filles sont fortement sollicitées à l'occasion des grandes récoltes. Une jeune écolière témoigne ainsi : « J'étais assidue et j'aimais l'école, mais je savais que je devais quitter, un jour ou l'autre, il est arrivé qu'on approche de l'année scolaire et que ma mère nous prépare, moi et mon petit frère, tabliers et cartables mais nous nous attendions à ce que mon père décrète la fin de l'école pour moi... C'est finalement arrivé lorsque j'étais en 6ème année primaire, deux mois après la rentrée scolaire... à l'occasion du démarrage de la cueillette des olives[81] ».

 Généralement, la jeune fille sollicitée pour les champs commence par être soustraite au système scolaire d'une manière provisoire, pendant les vacances si elles correspondent à la période de cueillette. Elle travaille d'abord quelque temps chez un voisin, sous couvert de « *maouna*[82] », rémunérée – exploitée ? – comme bon il plaira au propriétaire agricole, à la *himma*[83].

 Mais le temps est figé dans les campagnes tunisiennes, et le provisoire y dure, plus qu'ailleurs. La jeune fille qui quitte l'école a bien peu de chances d'y revenir un jour : on lui trouvera toujours une occupation plus ou moins rémunérée, dans les champs, à l'usine, voire chez quelque riche citadin du littoral. Surtout, éviter une éducation inutile, et pourquoi-pas générer quelque revenu, le temps de lui trouver mari.

 Il va sans dire que les maigres rétributions sont directement versées au père, car il est le seul « *rajel*[84] » dans l'affaire. La jeune fille tunisienne a ainsi un avant-goût des violences économiques[85] auxquelles elle sera confrontée à l'âge

---

[81] Centre de Recherches, d'Etudes, de Documentation et d'Information sur la Femme, *La femme tunisienne, acteur de développement régional, Approche empowerment*, Tunis, CREDIF, 2005, p. 124
[82] Aide
[83] Selon les besoins
[84] Homme
[85] Elle se manifeste lorsqu'un individu défend ou oblige quelqu'un à travailler, impose des entraves sur ses plans de carrière. La violence économique

adulte. Mariée, son époux s'accaparera sans vergogne ses revenus, perpétuant ainsi une tradition rurale, acceptée par tous – toutes ? – et sur laquelle nous reviendrons *infra*.

Un enquêteur du Centre de Recherches, d'Etudes, de Documentation et d'Information sur la Femme avait ainsi relevé l'anecdote suivante, qui témoigne des tensions qui ne manquaient pas de se produire entre les jeunes filles déscolarisées et leurs familles : « Deux sœurs se sont présentées devant le *moatamad*[86] pour se plaindre l'une du fait que son père exige d'elle tout son salaire ; l'autre en raison de l'opposition du père de voir sa fille prendre un emploi à 30 km de la maison familiale. Le père attendait devant le bureau du *moatamad* de peur de se voir convoqué par la Garde Nationale[87] ».

La blouse de la lycéenne : une aberration ?

Paradoxalement, la plus grande discrimination de genre dont souffre aujourd'hui le système éducatif tunisien est du fait même du ministère de l'Education. En effet, durant toute sa scolarité, c'est-à-dire pendant treize longues années, la jeune fille tunisienne est astreinte à porter une *mandila*[88] par-dessus ses vêtements dès qu'elle pénètre dans l'enceinte de l'école. Si la blouse est d'une certaine utilité durant les quelques mois d'hiver, elle devient un véritable calvaire à la rentrée, au printemps et surtout à la fin de l'année scolaire, lorsque le thermomètre dépasse allègrement les 40° Celsius à l'ombre.

Mais là n'est pas le problème : à partir du collège, c'est-à-dire durant les quatre dernières années de l'enseignement secondaire, seule la fille est obligée de porter une blouse. On pourrait à la limite comprendre cette idée d'uniformiser l'aspect vestimentaire des écoliers et lycéens, dans un but plus ou moins

---

consiste également, comme c'est le cas ici, à s'accaparer le revenu d'autrui, en le tenant dans l'ignorance
[86] Sous-préfet, personnage très influent au niveau local
[87] Centre de Recherches, d'Etudes, de Documentation et d'Information sur la Femme, *La femme tunisienne, acteur de développement régional, Approche empowerment*, Tunis, CREDIF, 2005, p. 125
[88] Blouse

acceptable de gommer les différences sociales. On comprend moins cet acharnement à vouloir distinguer entre les lycéens et les lycéennes au travers d'un code vestimentaire d'un autre âge. D'autant plus que la Tunisie est, à notre connaissance, l'unique pays au monde où seules les filles sont astreintes à porter une blouse à l'école. Certes, à Oxford, à Nairobi ou au Caire, de nombreux établissements publics ou privés obligent collégiens et lycéens à porter une tenue spécifique, voire une cravate, mais cela concerne systématiquement les deux sexes.

La sociologue et féministe française Colette Guillaumin avait mené une analyse centrée sur les sociétés occidentales, mais qui s'accorde parfaitement avec le cas de la lycéenne tunisienne. Selon elle, certes le corps est socialement construit, qu'il s'agisse des hommes ou des femmes. Cependant, le corps féminin est construit de façon limitative, au travers d'une contrainte dans le vêtement et dans la présentation de soi[89]. C'est d'un véritable marquage sur le corps qu'il s'agit ici, puisque l'on fait littéralement disparaître le corps de la jeune lycéenne, sous une blouse plus ou moins innocente aujourd'hui, peut-être sous un terrible *niqab* demain[90].

L'astreinte de la blouse signifie également que l'on accorde bien peu de crédit à la fille pubère, suspectée de séduire et provoquer les mâles par son corps, son vestiaire, ses postures[91]. « Classes pubères, classes dangereuses », serait-on tentés de paraphraser Louis Chevalier. Assurément, l'ombre de

---

[89] Guillaumin (C.), « Le corps construit », in *Sexe, race et pratique du pouvoir. L'idée de nature*, Côté-femmes, 1992, pp. 117-142
[90] Mathieu (Nicole-Claude), *Féminin*, in *Dictionnaire du corps*, Paris, Presses Universitaires de France, 2007, pp. 380-381
[91] En 2016, un programme de téléréalité diffusé sur une chaine privée tunisienne, avait présenté une jeune fille mineure, tombée enceinte suite à un viol. Au lieu de faire preuve d'empathie envers la victime, l'animateur l'avait culpabilisée. Fort heureusement, la Haute Autorité Indépendante de la Communication Audiovisuelle (HAICA) était aussitôt intervenue, en faisant suspendre le programme durant trois mois. Puissant message adressé au monde des média. Pour plus de détail, voir Haute Autorité Indépendante de la Communication Audiovisuelle, Conseil Supérieur de l'Audiovisuel, *Place et représentation des femmes dans les fictions télévisuelles*, Tunis, HAICA, 2016, p. 33

Zouleikha[92] plane sur les lycées tunisiens. De ce point de vue, la blouse de la lycéenne est une sorte de « voile adouci » qui ne veut pas dire son nom, et qui entre en tous les cas dans le processus de socialisation genrée. Laide, mal conçue par d'improbables couturiers, taillée dans un méchant tissu, la blouse aura en tous les cas atteint son but inavoué : dénuer les adolescentes tunisiennes coquettes de tout leur charme.

Les jeunes lycéennes tunisiennes font ainsi leur apprentissage de la discrimination de genre qui les attend après le Baccalauréat. On leur explique qu'elles doivent accepter de porter une blouse, pas leurs camarades garçons. Quelques années plus tard, on leur explique encore qu'elles doivent accepter des salaires plus bas que leurs collègues hommes. La logique est implacable, la voie est tracée.

Quelques mouvements sporadiques de refus de lycéennes de porter la blouse sont d'ailleurs signalés de temps à autres, mais ces protestations restent concentrées dans quelques établissements huppés de la capitale. Une sorte de clin d'œil à la « Journée de la jupe », organisée en mai 2017 dans les lycées français, pour protester contre les inégalités de genre, et en particulier les inégalités de salaire sur le marché de l'emploi français. De telles revendications, bien que tout à fait légitimes, passent inaperçues dans le brouhaha social tunisien, les mouvements de chômeurs, de lésés, de traumatisés, dominant la scène sociale.

Nous ne saurions clore ce chapitre sur l'éducation sans évoquer un paradoxe qu'il nous a été donné d'observer dans la société tunisienne. Certes, les femmes, devenues mères, encouragent l'éducation de leurs enfants, avec le plus souvent plus d'ardeur que leurs époux. Elles hésitent toutefois à accorder une plus grande liberté à leurs filles adolescentes, avec toujours en filigrane cette hantise de compromettre un mariage, car il reste l'objectif prioritaire.

C'est par peur du qu'en dira-t-on, de la perte précoce – c'est-à-dire avant le mariage – de la virginité des filles que les mères imposent des plages horaires de sortie strictes, contrôlent

---

[92] Femme ayant séduit le prophète Youssef ; personnage symbolique de la séduction féminine. Pour plus de détails, voir le *Coran, sourate Youssef*

la « qualité » des camarades, passent en revue la tenue vestimentaire, cherchent toute odeur suspecte de nicotine ou autre... Autant de comportements coercitifs que l'on oublie lorsqu'il s'agit du garçon. C'est peut-être dans ce contexte que l'anthropologue marocaine Ghaytha el Khayat qualifiait les femmes maghrébines de « gardiennes les plus acharnées de leurs chaînes[93] ».

---

[93] El Khayat (Ghaytha), *Le Maghreb des femmes. Les défis du XXIème siècle*, Rabat, Marsam, 2001

Chapitre IV
L'EMPLOI FEMININ

D'après le Global Gender Gap Index 2017, établi chaque année par le World Economic Forum, sur un total de 144 pays, la Tunisie n'est qu'à la 131ème place, en ce qui concerne la participation économique des femmes, avec un score de seulement 0.446[94]. Voyons cela de plus près.

Travail, foyer

En Tunisie, on a souvent tendance à mettre en concurrence, chez les femmes, les tâches domestiques et le travail rémunéré hors du foyer, comme si l'un empêchait l'autre. D'où cette représentation paradoxale de la femme active : d'une part, on la culpabilise, car elle consacre moins de temps à l'entretien de son foyer et à l'élevage de ses enfants. D'autre part, le statut de femme active valorise la position de femme citoyenne, instruite, épanouie et quelque part supérieure à la *Khalti Founa*[95] du folklore tunisien.

Gardons-nous toutefois de croire que toutes les femmes tunisiennes veulent travailler, et gardons-nous surtout de croire qu'une femme au foyer est culturellement, socialement, économiquement amoindrie. La sociologue britannique Catherine Hakim propose ainsi de catégoriser la population féminine adulte en trois groupes distincts : les « femmes de carrière », engagées dans un emploi rémunéré, les « femmes au foyer », privilégiant le travail non rémunéré, c'est-à-dire la tenue d'un foyer.

Et, nous dit Catherine Hakim, entre ces deux extrêmes, flotte une population de femmes disposées à travailler, pourquoi pas à mi-temps, mais qui sont prêtes à quitter le marché de l'emploi pour se consacrer à leur époux et leurs enfants, ces

---

[94] World Economic Forum, *The Global Gender Gap Report 2017*, Genève, WEF, 2018, p. 11
[95] Equivalent tunisien de Bécassine

derniers ayant la priorité[96]. Nous ne disposons pas de statistiques à ce sujet, mais il nous semble que c'est à cette ultime catégorie qu'appartient une majorité de Tunisiennes, ce qui est d'ailleurs tout à leur honneur.

Dans la même veine, les sociologues allemands Karl Alexander Röhler et Johannes Huinink ont distingué trois catégories de couples en ce qui concerne la représentation des tâches domestiques : dans les couples *affektuell-traditionell*, la perception des tâches domestiques est dominée par une vision traditionnelle du genre. C'est le type que l'on retrouve en filigrane dans toute l'œuvre du prix Nobel de littérature égyptien Néjib Mahfoudh. Lorsque le mari-*chanab*[97] rentre du travail, sa femme-bobonne lui lave aussitôt les pieds dans une bassine d'eau chaude.

Les couples *affektuell-vergesellschaftet*, eux refusent tout stéréotype de genre et tiennent à partager équitablement les tâches domestiques. Quant aux couples *affektuell-pragmatisch*, ils organisent la répartition des travaux domestiques en fonction de critères individuels, et en tous les cas indépendamment de toute volonté de justice[98].

La majorité des couples tunisiens semblent appartenir à la première catégorie, les épouses étant encore enfermées dans des rôles genrés, tels que faire la lessive, cuisiner ou changer les couches des bébés, les maris étant davantage concentrés sur des tâches plus masculines – au sens méditerranéen du terme – bricolage, jardinage, évacuation des déchets domestiques. En 2006 – cela n'a pas dû véritablement changer depuis – la femme tunisienne consacrait quotidiennement 5 heures et 16 minutes aux tâches domestiques, les hommes seulement 39 minutes[99].

La sociologue américaine Liana Sayer suggère même l'existence d'un « marché du temps domestique », qui fait

---

[96] Hakim (Catherine), *Work life-style choices in the 21st century: Preference theory*, Oxford, Oxford University Press, 2000
[97] Moustache, pour désigner le mari viril
[98] Röhler (K. A.), Huinink (J.), « Pair relationships and housework », in *Dividing the domestic. Men, women and household work in cross-national perspective*, Stanford University Press, 2010, p. 199
[99] Institut National des Statistiques, *Enquête Budget des Femmes et des Hommes en Tunisie*, Tunis, INS, 2006, pp. 22-23

l'objet d'âpres négociations entre les deux époux : « Historically, women have done more housework than men because socialization practices and physiological differences linked to childbearing worked together to maximise returns to women's specialization in house-hold work and men's specialization in market work. Second demographic transition trends – older age at marriage, higher level of cohabitation and divorce, lower levels of marital fertility – have reduced the benefits and increased the costs of women's specialization in housework[100] ».

En Tunisie, l'inégale répartition des tâches ménagères commence dès l'enfance, sans être particulièrement marquée. C'est ainsi que les filles y consacrent en moyenne 6.4 heures par semaine, contre 4.9 heures pour les garçons. L'écart hebdomadaire de 1.5 heures n'est pas véritablement significatif, même s'il atteint 2.3 heures dans les campagnes[101].

Une récente enquête, menée par l'Institut National des Statistiques sur le travail des enfants, conclut que « Le modèle social traditionnel pèse encore sur l'engagement des filles dans des travaux ménagers. Les efforts de l'État déployés en faveur de l'égalité hommes/femmes devraient inclure un travail accru de sensibilisation auprès des parents[102] ».

Il est vrai que la déconstruction des rapports genrés, systématiquement défavorables aux femmes dans la société tunisienne, gagnerait à se faire plus tôt, dès l'enfance. Quant à une « sensibilisation » efficace des parents, c'est une toute autre histoire !

L'emploi féminin

En 1966, le taux d'activité des hommes en Tunisie était de 83.5%, contre seulement 5.5% chez les femmes. Le rapport

---

[100] Sayer Liana (C.), « Trends in housework », in *Dividing the domestic. Men, women and household work in cross-national perspective*, Stanford University Press, 2010, p. 23
[101] Institut National des Statistiques, *Enquête Nationale sur le Travail des Enfants en Tunisie*, Tunis, INS, 2017, pp. 22-23
[102] Institut National des Statistiques, *Enquête Nationale sur le Travail des Enfants en Tunisie*, Tunis, INS, 2017, p. 23

était de un à quinze en faveur des hommes. En 2014, on observe un bien plus grand équilibre de genre sur le marché du travail, puisque le taux d'activité des hommes « n'est plus que » le double de celui des femmes, étant respectivement de 64.5% et 28.5%[103]. Il s'agit toutefois là de chiffres officiels, qui ne prennent pas en compte l'emploi informel, et en particulier le travail domestique[104], agricole ou la vente à la sauvette, autant de métiers non déclarés qui échappent aux statistiques officielles.

Le taux de chômage des femmes, 22.2% en 2014, est également le double de celui des hommes, 11.4% à la même date. Pour les femmes, les taux de chômage les plus élevés se concentrent dans les gouvernorats défavorisés de l'intérieur, et en particulier dans le sud (42.7% à Gafsa[105]) ou le centre ouest du pays (38.7% à Jendouba, 37.6% à Kasserine).

Le marché de l'emploi féminin tunisien se caractérise par un paradoxe qui remet aujourd'hui en cause la nécessité même de faire des études : le taux de chômage des diplômées du supérieur est encore plus élevé, quasiment le double de la moyenne nationale : en 2015, le taux de chômage des femmes diplômées de l'université est ainsi de 39.9%[106]. Chez les hommes, il est de 20.7%, ce qui confirme encore une fois ce sempiternel rapport du simple au double entre les indicateurs d'emploi des deux sexes, systématiquement en défaveur des femmes.

Chaque année, ce sont ainsi 27000 jeunes diplômées tunisiennes qui se présentent sur le marché du travail, avec des perspectives d'emploi qui, même si elles existent, ne sont guère à la mesure de leurs ambitions. Combien de nos étudiantes, jeunes démographes douées, fraîchement diplômées d'une Licence voire d'un Master recherche ou professionnel, doivent

---

[103] Institut National des Statistiques, *Recensement Général de la Population et de l'Habitat 2014*, Tunis, INS, 2015
[104] En Tunisie, les femmes de ménage (*khdima*) sont traditionnellement employées pour des demi-journées dans les familles aisées, sans être déclarées à l'inspection du travail, ni au système de sécurité sociale
[105] Union Générale des Travailleurs Tunisiens
[106] Institut National des Statistiques

se contenter d'un improbable CDD[107] dans un call center, ou un poste de secrétaire médicale. En attendant de trouver mieux, m'avouent-elles... mais le provisoire dure. Et lorsqu'un fiancé probable pointe à l'horizon, les ambitions changent, on se marie pour ne plus avoir à chercher du travail.

Une observation longitudinale de l'emploi des femmes permet de voir que c'est également une affaire de génération. C'est ainsi que, nous disent les économistes américains Raquel Fernández, Alessandra Fogli et Claudia Olivetti : « ...les hommes dont la mère a travaillé sont plus susceptibles de faire leur part des corvées et de faciliter ainsi le travail de leur femme à l'extérieur. Ces hommes sont également plus susceptibles d'avoir une perception positive de la participation des femmes au marché du travail[108] ».

L'Etat, conscient de la situation, alarmante depuis la fin de la décennie Nouira[109], a mis en place de nombreux programmes d'encouragement à l'emploi et à l'entrepreneuriat, mais qui ne sont pas spécifiques aux femmes. Les noms des programmes sont pompeux : Fonds National de l'Emploi (21-21), Stage d'Initiation à la Vie Professionnelle (SIVP), Contrat d'Insertion des Diplômés de l'Enseignement Supérieur (CIDES), Contrat d'Adaptation et d'Insertion Professionnelle (CIAP), Stage d'Initiation et d'Adaptation pour la Création d'Entreprise (SIACE),... mais les résultats restent insignifiants.

Les programmes, trop coûteux en regard du rendement réel, tardent à donner des résultats concrets, et finissent par être systématiquement abandonnés, au gré des changements de gouvernements. Pire, la mise à l'écart des femmes vis-à-vis du marché de l'emploi est aggravée par l'absence d'un fil

---

[107] Contrat à Durée Déterminée
[108] Fernández (R.), Fogli (A.) et Olivetti (C.), « Mothers and Sons: Preference Formation and Female Labor Force Dynamics », in *The Quarterly Journal of Economics*, volume 119 (4), 1 novembre 2004, pp. 1249-1299
[109] Equivalent des Trente Glorieuses : le 2 novembre 1970, le Président Habib Bourguiba nomme Hédi Nouira au poste de premier ministre. Rapidement, l'économie asphyxiée par une chaotique expérience collectiviste, connait un tournant libéral et atteint des niveaux jamais égalés depuis. L'euphorie durera une dizaine d'années

conducteur entre les programmes successifs, et surtout par l'absence d'une dimension genre.

Le déséquilibre de genre sur le marché de l'emploi tunisien est encore plus marqué en milieu rural. Un récent rapport du Bureau pour l'Afrique du Nord de l'UNECA (Commission Economique pour l'Afrique) souligne ainsi l'absence de stratégie claire en faveur des femmes rurales : « En Tunisie, actuellement, il n'existe pas de stratégie spécifique pour l'amélioration des conditions des femmes en milieu rural ni de politique de développement en faveur des femmes rurales. Il existe aussi un grand manque de stratégies prédéfinies et globales qui permettent de créer un environnement professionnel favorable à l'entrepreneuriat susceptible d'atténuer les barrières à l'intégration des femmes[110] ».

Nous aurons l'occasion de le souligner à de nombreuses reprises tout au long de cet ouvrage, la femme rurale est assurément la grande oubliée de la Tunisie moderne. Les deux millions de femmes qui résident aujourd'hui dans les campagnes vivent –survivent ? – encore largement en marge de la société, dans des conditions difficiles, voire extrêmes.

Sont-elles pour autant plus malheureuses que les citadines ? Pour avoir côtoyé les unes et les autres, nous dirions que rien n'est moins sûr, si l'on excepte les plus misérables d'entre elles.

La précarité de l'emploi féminin

Il est aujourd'hui largement démontré que l'emploi des femmes est un moteur essentiel de la croissance économique et du développement, dans tous les pays du monde. Pourtant, des disparités subsistent, et près de la moitié du potentiel productif des femmes est inutilisé ou sous-utilisé, quand il n'est pas employé à mauvais escient. La Tunisie ne déroge pas à ce qui semble être une loi d'airain.

---

[110] Commission Economique pour l'Afrique du Nord, *Améliorer l'accès au financement pour renforcer l'autonomisation des femmes rurales en Afrique du Nord, Bonnes pratiques et leçons à tirer*, UNECA, 2014, P. 23

En ce qui concerne l'emploi féminin, la Tunisie a résolument opté pour une stratégie de conciliation entre le foyer et le travail. Au départ, les intentions étaient plutôt bonnes, puisqu'il s'agissait de venir en aide à la femme, et lui permettre de mener de front une vie de femme au foyer et de citoyenne contribuant à l'économie du pays, par son travail. Les différentes mesures de promotion du travail féminin partiel prises par le ministère de la Formation Professionnelle et de l'Emploi n'ont malheureusement pas donné les résultats escomptés. Elles ont à contrario incité les entreprises privées à profiter de cette flexibilité de l'emploi, et ont finalement aggravé la précarité de l'emploi féminin[111].

Véritable arme à deux tranchants, la législation favorable aux femmes actives comprend par exemple la loi du 28 juillet 2006, qui propose un travail à mi-temps rémunéré aux deux tiers du salaire aux mères actives ayant un enfant de moins de 16 ans, le contrat étant d'une durée de trois ans renouvelable deux fois. Citons également l'article 70 du Code de la Fonction Publique, qui accorde aux femmes fonctionnaires une mise en disponibilité de deux ans renouvelable, pour lui permettre d'élever un enfant de moins de six ans, ou atteint de handicap[112].

Autre exemple de dispositif poussant insidieusement les femmes actives vers la sortie, on permet aux femmes actives quinquagénaires ayant 15 ans de service et trois enfants âgés de moins de 20 ans, d'obtenir une retraite anticipée. Ce mécanisme s'adresse davantage aux femmes travaillant dans le secteur privé, et est souvent mis en application en ces temps de crise économique pour alléger la masse salariale des entreprises.

En y réfléchissant, ce type de lois *a priori* favorables à la mère active, ne font finalement que renforcer les inégalités de genre sur le marché du travail. D'autant plus que les femmes n'ont pas toujours véritablement le choix d'opter pour une mise

---

[111] Mahfoudh Draoui (D.), *Les femmes tunisiennes dans le travail et le mouvement syndical*, Tunis, Friedrich Ebert Stiftung, 2017, p. 23
[112] *Loi n° 83-112 du 12 décembre 1983, portant statut général des personnels de l'Etat, des collectivités locales et des établissements publics à caractère administratif,* article 70, Tunis, Journal Officiel de la République Tunisienne n°82, 16 décembre 1983

en disponibilité. La pression exercée par les contraintes familiales, le mari, la belle-mère, la hiérarchie, les collègues, est parfois tellement forte qu'une femme active n'a plus d'autre choix que celui de quitter son emploi pour s'engager dans des demi-mesures savamment orchestrées, qui aboutissent souvent à une sortie définitive – et finalement injustifiée – du marché de l'emploi.

Il est vrai que, dans la plupart des pays nordiques, de telles législations existent depuis longtemps, mais elles concernent autant les pères que les mères. Le travail partiel n'y est pas lié, comme chez nous, à cette vision réductrice de la femme et des tâches domestiques. Au Danemark par exemple, lors d'une naissance, les deux parents ont la possibilité de négocier entre eux et avec leurs employeurs respectifs, l'organisation des congés pour assurer une division des rôles domestiques, et assurer une présence plus équilibrée du père et de la mère auprès du nouveau-né.

La société tunisienne n'a pas encore atteint un degré suffisant de maturité pour considérer que – mis à part l'allaitement – le père a autant à donner au nouveau-né que la mère. Dans de trop nombreux foyers tunisiens, il est par exemple admis, selon une logique sociale plurimillénaire, que le changement des couches ou le bain du bébé est une tâche exclusivement féminine. C'est pourquoi nous sommes convaincu que les prochains textes de loi visant à concilier activité et maternité gagneraient à s'inspirer, dans la mesure des budgets disponibles, des législations norvégienne, finlandaise, suédoise ou danoise. Notre horizon se limite à quelques pays francophones – pour des raisons historiques que nous comprenons tout à fait – mais c'est bien plus loin, plus au nord, que nos regards devraient se porter.

Notons pour finir cette réflexion que le travail à mi-temps, ou du moins les emplois à horaires flexibles, restent culturellement liés au domaine féminin. C'est ainsi que dans la société tunisienne, *el cartabla*[113] représente une carrière tout

---

[113] Le porte-document, en arabe dialectal; désignation populaire du métier d'enseignant, du cycle primaire à l'Université

indiquée pour les femmes, car les emplois du temps leur permettent de concilier vie familiale et vie professionnelle. C'est ainsi que 48.2% des enseignants du supérieur sont des femmes... mais seulement 16.4% appartiennent au « corps A », c'est-à-dire aux plus hauts grades universitaires, ceux de Maître de conférence et de Professeur[114]. Le tableau suivant montre bien que la carrière de l'enseignant universitaire suit une trajectoire différente selon que l'on est un homme ou une femme :

Enseignants universitaires selon le grade et le sexe, Tunisie, 2014/2015

Grade	Hommes	Femmes	Ratio de masculinité
Assistant	2534	4061	0.6
Maître-assistant	3103	2332	1.3
Maître de conférences	684	246	2.8
Professeur	1120	207	5.4
Total	7441	6846	1.1

(Source : ministère de l'Enseignement supérieur et de la recherche scientifique)

A première vue, avec un ratio de masculinité global d'à peine 1.1, il y a quasiment autant de femmes que d'hommes dans l'enseignement supérieur. Cela cache pourtant de graves disparités. En effet, il est édifiant de constater que, à mesure que l'on progresse dans les grades, les femmes sont de moins en moins représentées : si les assistantes sont quasiment deux fois plus nombreuses que leurs homologues masculins, en revanche il y a plus de cinq fois plus de Professeurs hommes que femmes. Par ailleurs, parmi nos collègues à l'Université, il est exceptionnel qu'une femme parvienne à couronner une fin de carrière en obtenant le prestigieux grade de Professeur émérite[115].

Les raisons de cette situation sont nombreuses et complexes. Citons notamment les difficultés pour les enseignantes de conjuguer vie familiale et vie professionnelle,

---

[114] Statistiques du ministère de l'Enseignement supérieur et de la recherche scientifique
[115] Titre accordé par le Ministre de l'Enseignement supérieur et de la recherche scientifique aux Professeurs ayant atteint l'âge de la retraite, leur accordant le droit de continuer à diriger des travaux de Master et de Doctorat

ainsi qu'une moindre mobilité internationale, qui signifie une moindre notoriété scientifique. Il faut y voir également un certain machisme universitaire, les effets des guerres claniques, sans oublier l'influence des mandarins, qui sont plus souvent des hommes. Comme dans de nombreuses autres professions prestigieuses, la femme est présente, mais a tendance à se concentrer dans les grades inférieurs.

De nombreuses collègues à l'Université, d'abord vouées à une carrière dans les affaires ou l'administration, nous ont avoué avoir choisi ce métier à la suite de négociations avec leurs époux. Ce dernier désirant au départ épouser une *bent dar*[116], était finalement bien heureux d'épouser une femme travaillant à mi-temps. Indirectement, le mari peut donc encore influer sur la carrière de son épouse.

Et puis, pourquoi cet acharnement de l'Etat à maintenir la mère à domicile ? Certes, le nouveau-né a besoin de la présence de sa mère, mais autant que celle de son père. Souvenons-nous de l'exemple des pays nordiques. Par ailleurs, de nombreuses études ont prouvé que les mères actives compensent leur absence du foyer par une meilleure connaissance des risques et des opportunités offerts par le cursus scolaire, et par une plus grande considération du diplôme, ce qui semble conduire vers des résultats scolaires meilleurs que chez les enfants de mères au foyer[117].

Par ailleurs, lorsque la mère est active, le père est ipso facto amené à s'impliquer davantage dans l'éducation des enfants, ce qui favorise la création de synergies à l'intérieur de la famille[118]. De même que la concurrence sur le marché des biens et services favorise le consommateur, une mise en compétition des deux parents pourrait s'avérer bénéfique pour l'enfant.

---

[116] Femme au foyer
[117] Mahfoudh Draoui (D.), *Etude sur la socialisation de l'Enfant dans la famille tunisienne*, Tunis, Ministère des Affaires de la Femme et de la Famille, 2000
[118] Ben Miled (A.), *Education familiale et rapport au savoir chez des garçons et des filles tunisiens de première année d'école primaire : une approche interactionniste sociale*, Thèse de Doctorat de psychologie, Toulouse, Université Toulouse le Mirail, 2012, p. 114

Au vu de l'ensemble de ces réflexions, il semblerait donc infondé de culpabiliser les mères actives. Après tout, l'emploi de la femme tunisienne n'est peut-être pas cette catastrophe sociale annoncée par plus d'un sociologue. Toutefois, sur le plan démographique – qui nous préoccupe davantage – il faut reconnaitre qu'une femme active se marie généralement plus tard, est davantage orientée vers une vie professionnelle,... autant de facteurs qui vont agir en synergie pour réduire sa fécondité. Le contraire est également vrai : une femme n'ayant pas d'enfants, ou un seul enfant, sera davantage portée à s'investir sur le marché de l'emploi. Nous reviendrons sur ces questions dans un chapitre dédié à la fécondité. Pour l'instant, voyons plutôt quelles perspectives se présentent à une Tunisienne qui arrive, bon gré mal gré, sur le marché du travail.

Chapitre V
EMPLOI ET DISCRIMINATION DE GENRE

On ne saurait aborder aujourd'hui la question de l'emploi féminin sans s'intéresser aux discriminations de genre qui en découlent, et en premier lieu les inégalités de salaires.

Les inégalités de salaire

Il est vrai que la Tunisie a ratifié de nombreux textes de loi garantissant l'égalité des salaires entre les deux sexes, tels que la convention 100 de l'Organisation Internationale du Travail (OIT) sur l'égalité des salaires, la convention cadre de 1977, la Loi de 1993, ou encore l'article 5bis du Code du Travail.

Pourtant, le genre semble constituer un critère de différenciation particulièrement fort en matière d'attribution des salaires. Mais que le lecteur se rassure, la Tunisie n'est guère une exception. Au contraire, cette inégalité concerne l'ensemble des pays du monde, et semble même s'inscrire comme une norme internationale.

En effet, les estimations de l'Organisation Internationale du Travail pour l'année 2016 indiquent que, dans le monde, les femmes toucheraient en moyenne à peine 77% du salaire masculin, pour un travail égal. Il existe toutefois de profondes disparités selon les pays. Une étude de l'OIT portant sur un échantillon de 38 pays a ainsi établi que les salaires moyens des femmes sont inférieurs de seulement 4% à ceux des hommes en Suède, mais cet écart atteint 36% aux États-Unis[119].

En ce qui concerne l'attribution des salaires, le principe général qui prévaut en Tunisie est : « A travail égal, salaire égal ». La Loi portant statut général des agents des entreprises

---

[119] Organisation Internationale du Travail, *Rapport mondial sur les salaires 2014/15*, Genève, OIT, Décembre 2015

publiques[120] interdit toute distinction entre les deux sexes, et le principe d'égalité des salaires est systématiquement appliqué lors du recrutement par l'administration publique et certains secteurs très réglementés, comme les banques ou les compagnies d'assurances par exemple. Toutefois, dans le secteur privé, il existe souvent de grands écarts de salaires entre les deux sexes, pour un même poste.

D'après le Global Gender Gap Index 2017[121], sur un total de 144 pays, la Tunisie occupe le 72ème rang en matière d'égalité des salaires, devancée par l'Éthiopie et le Bahreïn. Etonnamment, elle est à égalité avec le Japon[122] et distance des pays comme l'Inde (129ème rang), le Brésil (133ème) ou la République Tchèque (109ème). Au niveau maghrébin, la Tunisie se place en tête, devançant largement les voisins algérien (128ème) et marocain (139ème).

Il n'existe pas de données nationales officielles en ce qui concerne les écarts de salaire entre les deux sexes, mais quelques travaux de terrain épars permettent tout de même d'évaluer la situation. Une enquête réalisée en 2016 par l'Institut Arabe des Chefs d'Entreprises (IACE), auprès d'un échantillon de 300 entreprises privées, avait par exemple révélé que l'écart entre les salaires des femmes et des hommes s'établissait à 14.6%.

Quelques années auparavant, une enquête de l'Institut National des Statistiques avait révélé des écarts de salaire bien plus importants, atteignant 35.5%, culminant même à 40% dans le secteur des services[123]. Selon un sondage réalisé par le

---

[120] Loi n° 83-112 portant statut général des personnels de l'Etat, des collectivités publiques locales et des établissements publics à caractère administratif, Tunis, Journal Officiel de la République Tunisienne n°82, 1983, pp. 3214-3225
[121] World Economic Forum, *The Global Gender Gap Report 2017*, Genève, WEF, 2018
[122] Soulignons que des pays économiquement très avancés comme le Japon ou la Corée du Sud, dans lesquels la société est souvent qualifiée de machiste, tendent à déprécier la femme, bien plus que dans des pays à réputation misogyne
[123] Institut National des Statistiques, *Enquête micro-entreprises en Tunisie*, Tunis, INS, 2012

Centre de Recherches et des Etudes Sociales (CRES), en avril 2011, auprès de 500 entreprises privées, la moyenne des salaires mensuels dans le secteur privé est estimée à 557 DT, et les femmes sont moins payées que les hommes de 29%.

En 2016, les estimations de l'IACE ont permis de fixer l'Equal pay day[124] au 22 février 2017. Autrement dit, une Tunisienne doit continuer à travailler jusqu'au 22 février 2017 pour gagner l'équivalent du salaire annuel d'un Tunisien qui aurait travaillé – dans les mêmes conditions – jusqu'au 31 décembre 2016. Il s'agit donc quasiment de deux mois supplémentaires de travail. La situation est pire ailleurs : en Suisse, l'Equal pay day correspond au 11 mars, et en France au 31 mars.

Dans le secteur informel, les femmes sont plus souvent payées moins que le Salaire Minimum Interprofessionnel Garanti (SMIG), et le gap de salaire entre les deux sexes est aujourd'hui estimé à 35.5%, alors qu'il était de 24.5% en 1997. Les données manquent toutefois pour estimer la situation dans le secteur non contrôlé par l'Etat.

Les déterminants des inégalités de salaire

D'abord, nous l'avions souligné *supra*, l'écart de salaire entre les hommes et les femmes n'est guère spécifique à la Tunisie, ni au monde arabe, ni aux pays musulmans, ni aux pays du Sud. Le phénomène est assurément universel, ce qui n'enlève rien à son aberration.

Il est évident que, si les femmes actives tunisiennes sont moins bien payées que les hommes, pour un même effort, c'est parce qu'elles sont sous-valorisées. C'est lors du recrutement que les employeurs leur offrent des salaires inférieurs, la raison inavouée – pourtant admise par tous – étant la conviction de

---

[124] Journée d'Egalité salariale, concept initié dans les années 1990 aux USA par la puissante International Federation of Business and Professional Women. Il s'agit de déterminer la date à laquelle une femme doit continuer à travailler pour gagner l'équivalent du salaire annuel d'un homme qui aurait travaillé jusqu'au 31 décembre

l'incapacité d'une femme à travailler autant et aussi bien qu'un homme. S'agissant de travaux pénibles, reconnaissons que la taille et la masse musculaire supérieures d'un homme lui permettent effectivement de transporter des charges plus lourdes, plus longtemps, plus rapidement qu'une femme. *Quid* lorsqu'il s'agit de coudre, de répondre au téléphone, de réaliser un acte chirurgical ?

Par ailleurs, les hommes touchent généralement plus de primes et effectuent un plus grand nombre d'heures supplémentaires que les femmes, ce qui renforce au final les écarts de revenus. En effet, les femmes ont moins de facilités à effectuer des heures supplémentaires, car cela implique une mobilité tardive dans la journée, voir la nuit. Or, les femmes peuvent moins facilement se déplacer la nuit, d'autant plus que la situation sécuritaire s'est très nettement dégradée depuis l'avènement de la Révolution du Jasmin en 2011.

De plus, les femmes cumulent une double tâche domestique/professionnelle et ne peuvent pas accepter de trop grands volumes d'heures supplémentaires, car elles doivent gérer leurs familles. De ce fait, la plus grande disponibilité des hommes hors des heures habituelles de travail leur facilite l'obtention de primes de rendement, et de promotions, ce qui au final accroît les écarts de salaire global en leur faveur.

Un autre élément joue à l'encontre des revenus féminins : la maternité. Les carrières des femmes sont plus souvent interrompues que celles des hommes, du fait des longs congés de maternité, mais surtout des changements d'emploi lors du mariage[125], de l'entrée en vie génésique, ou entre deux accouchements. La discrimination de genre se fait déjà au stade du recrutement, car les employeurs anticipent et redoutent ces phénomènes d'interruption propres aux femmes.

C'est ainsi que de nombreuses jeunes femmes sans enfant, qui étaient disponibles pour un travail harassant dans le secteur privé, démissionnent pour chercher un emploi ayant des

---

[125] Il arrive souvent qu'une femme interrompe un CDI durant quelques années, le temps de se marier et de « démarrer sa famille » - c'est l'expression employée dans les manufactures

horaires flexibles, comme l'enseignement par exemple. De ce point de vue, le métier d'institutrice, professeur du secondaire ou à l'Université est considéré aux yeux de nombreuses Tunisiennes, comme un idéal, permettant de concilier vie familiale et carrière professionnelle. La notion de « *mousmar jha*[126] » prend alors tout son sens.

Par ailleurs, les femmes sont parfois sexuellement harcelées par les hommes, ce qui les conduit à quitter le travail. Enfin, il semblerait que les femmes semblent détenir une moindre capacité à négocier leurs salaires lors du recrutement, ce qui les conduit notamment à accepter de plus bas salaires.

Une étude menée en 2005 par le Centre de Recherches, d'Etudes, de Documentation et d'Information sur la Femme (CREDIF) avait ainsi conduit à un constat plutôt dévalorisant pour la femme tunisienne : « Une part non négligeable de la main d'œuvre féminine fait état d'un faible niveau de syndicalisation et de combativité professionnelle. Sans doute peut-on y voir, dans une certaine mesure, un faible niveau de fixation dans l'activité et de motivation pour une carrière professionnelle pour de larges pans de l'emploi féminin[127] ».

En milieu rural, ce sont à la fois l'ignorance et l'absence d'un cadre syndical qui maintiennent les écarts de salaire en défaveur des femmes actives. La plupart des femmes, peu éduquées voire analphabètes pour les plus âgées, ne connaissent pas la réglementation du travail, n'ont pas accès aux prud'hommes, et ignorent les détails du Salaire Minimum

---

[126] Un jour, *Jha*, héros des contes populaires arabes, a vendu sa maison. Le prix demandé était très bas et il ne posait qu'une condition : « Sur un des murs il y a un clou auquel je tiens beaucoup. Je ne veux pas le vendre. » L'acheteur a tout de suite accepté, car le clou lui importait peu. Quelques jours plus tard, *Jha* rentre à la maison et pend sa veste au clou. Plus tard, il apporte son lit et dort à côté du clou, puis ramène sa famille pour voir le clou, etc… Le nouveau propriétaire de la maison, n'en pouvant plus, finit par acheter le clou à un prix beaucoup plus élevé que celui auquel il avait payé la maison. Aujourd'hui, « Avoir un clou (*mousmar*) de *Jha* » est devenue une expression très populaire en Tunisie, pour signifier notamment avoir un emploi stable, avec très peu de risque d'être licencié
[127] Centre de Recherches, d'Etudes, de Documentation et d'Information sur la Femme, *La femme tunisienne, acteur de développement régional, Approche empowerment*, Tunis, CREDIF, 2005, p. 21

Interprofessionnel Garanti (SMIG) et du Salaire Minimum Agricole Garanti (SMAG)[128].

Dans cet état d'ignorance, les femmes rurales acceptent des salaires encore plus bas que les misères auxquelles elles ont droit. Elles ont du mal à obtenir leurs droits les plus basiques, même si quelques associations féministes commencent à organiser des ateliers de formation et d'empowerment dans les poches de pauvreté rurales, pour essayer d'y réduire la vulnérabilité économique des femmes actives.

Un autre élément va jouer pour renforcer la « combativité » des femmes dans les campagnes : l'absence des époux, qui s'exilent parfois durant des semaines, voire des mois pour travailler dans les chantiers urbains, ou participer à des campagnes de pêche, peut jouer un rôle déterminant pour asseoir la position sociale et économique des femmes restées au village. Ces dernières n'ont d'autre choix que de tenir la boutique, aussi misérable soit-elle. Elles apprennent sur le tas à négocier, pour assurer la subsistance de la famille. Certes, comme le dit Friedrich Nietzsche, « Ce qui ne nous tue pas nous rend plus fort ». De fait, la femme rurale tunisienne est *gadaa*[129], débrouillarde.

Pourtant, un rééquilibrage entre les salaires, et donc un renforcement des revenus féminins ne peut qu'être profitable pour la Tunisie. D'abord, c'est de la moitié de la population qu'il s'agit. Ce qui est bon pour six millions de femmes l'est nécessairement pour la nation[130].

Par ailleurs, si on s'intéresse de plus près à l'affectation des revenus des femmes, on se rend compte que ces dernières font un emploi bien plus judicieux de leur argent. Sous l'impulsion des femmes, les familles tunisiennes dépensent plus pour la nourriture, la santé, l'éducation et l'habillement, que

---

[128] A l'heure où nous écrivons ces lignes, le SMIG mensuel vient d'être revalorisé à 357.136 Dinars Tunisiens (DT) soit 120€ pour le régime hebdomadaire de 48 heures, et 305.586 DT soit 102€ pour le régime de 40 heures. Le SMAG quant à lui, est de 13.736 DT par jour, soit 4.6€
[129] Equivalent féminin du *rajjel*, l'homme fort
[130] Clin d'œil à l'économiste américain Charles Erwin Wilson, qui affirmait dans les années d'après-guerre : « Ce qui est bon pour General Motors est bon pour l'Amérique »

pour des dépenses inutiles, voire nuisibles, comme l'achat de produits aussi nocifs que le tabac ou l'alcool.

Les conditions de travail de la femme rurale

Les femmes rurales sont moitié moins payées, on l'a vu, mais elles sont également surexploitées[131], transportées vers les champs dans des conditions scandaleuses[132], voire harcelées. Nous avons ainsi eu la douloureuse opportunité de vérifier *in situ*, sur les champs d'oliviers, que les conditions de transport des femmes sont difficiles, et de surcroît, ne sont nullement couvertes par une quelconque assurance.

Les femmes transportées ne bénéficient pas de sièges – il n'y en a pas – et sont assises à même le sol[133], collées les unes aux autres, dans des positions rappelant les *spoon position* adoptées autrefois par les captifs sur les navires négriers[134]. Aucun équipement de sécurité n'est prévu pour les protéger en cas de freinage brusque, de cahot ou de dérapage : ni ceinture de sécurité, ni revêtement au sol, ni garnissage des parois. L'habitacle n'est pas hermétiquement clos, soumettant les passagères aux rigueurs des aléas climatiques.

Le froid, la pluie, la grêle, voire la neige dans les régions montagneuses du Nord-Ouest, atteignent directement les passagères, causant des maladies, telles que coups de froid, grippes et pneumonies. En été au contraire, les passagères infortunées sont transportées en plein soleil, par des températures dépassant largement les 50°c. Même si l'habitacle est couvert par une bâche, elles sont exposées à des chaleurs excessives, subissant l'effet de serre. Le mauvais état des pistes agricoles aggrave les conditions de transport. A long

---

[131] Observatoire Asma Fanni pour l'égalité des chances et la citoyenneté des femmes, *Enquête sur les conditions de travail des femmes en milieu rural*, Tunis, ATFD, 2014

[132] Les femmes sont entassées dans des camions ou des bennes de tracteurs, obligées de se tenir debout sur la plateforme destinée au transport des marchandises

[133] On mouille parfois le sol pour obliger les femmes à se tenir debout et gagner ainsi de la place

[134] Bouhdiba (Sofiane), *Gorée, porte sans retour. La mortalité des captifs à bord des navires négriers*, Paris, L'Harmattan, 2014, pp. 42-44

terme, les vibrations, le bruit, les cahots, les chocs contre les parois métalliques ou avec les autres passagères, peuvent entraîner des lésions irréversibles au cerveau.

Le fait d'être transportées dans des conditions similaires à celles du bétail atteint les femmes dans leur amour-propre. Elles sont humiliées, surtout lorsqu'elles sont – c'est toutefois rare, malheureusement[135] – exposées à la vue des autres usagers de la route. De fait, le transport de ces femmes passe le plus souvent inaperçu, car les véhicules empruntent des routes rurales ou agricoles, très peu fréquentées, et en tous les cas non ouvertes à la circulation, donc non contrôlées par la Garde nationale. Par ailleurs, les transports se font tôt le matin ou tard le soir, lorsque peu de monde circule alentour. De ce fait, le phénomène du transport des femmes actives rurales est peu visible. Et perdure.

Une étude effectuée récemment par l'Organisation Internationale pour les Migrations qualifie même de « traite » le travail agricole effectué par les femmes en Tunisie[136] : « Elles sont âgées de 30 à 65 ans et leur journée de travail commence à 6 h du matin, lorsqu'elles sont transportées par un individu vers une destination qui leur est inconnue. Il s'agit généralement d'une ferme située dans un périmètre d'environ 60 km. Les conditions de transports s'avèrent être dangereuses, car le véhicule utilisé est prévu pour le transport de marchandises.

Deux accidents mortels ont eu lieu en deux ans. Une fois arrivées à destination, le propriétaire de la terre leur apprend la nature des tâches à accomplir (labourer, semer ou récolter). Elles ne signent aucun contrat et sont payées six Dinars tunisiens par jour (soit trois euros[137]), moins que le salaire minimum légal[138]. Il arrive que le propriétaire ne les rémunère pas en fin de journée et leur demande de continuer à travailler pour une période de 10 à 20 jours, leur faisant miroiter un salaire une fois le travail accompli.

---

[135] Car la présence de témoins pourrait réduire le phénomène
[136] Les féministes évoquent également l'expression « Violence Faite aux Femmes (VFF) pour qualifier le transport des femmes actives rurales
[137] Réduits à 2 Euros seulement, à la date où nous rédigeons ces lignes
[138] Rappelons que le SMAG est de 4.6€

Souvent, elles n'obtiennent que violences pour toute rémunération. Si les informations disponibles ne permettent pas d'affirmer que ces femmes sont forcées de travailler dans ces champs, il convient de préciser qu'elles se trouvent dans une situation d'extrême pauvreté et n'ont parfois pas d'autres solutions que d'accepter les conditions de travail les plus indignes pour survivre. Il est par ailleurs important de noter que les femmes dans le secteur agricole représentent un vivier de victimes potentielles important pour la traite des personnes[139] ».

Dans les secteurs employant majoritairement des femmes, comme par exemple la cueillette saisonnière ou les manufactures de textile, les discriminations de genre sont moins visibles : l'employeur propose aux femmes une *hwija*[140], petit supplément de salaire, en échange d'une « omission » de contrat, et donc de déclaration à la sécurité sociale. Les femmes, attirées par une poignée de Dinars de plus – une misère qui prend toute son importance dans les campagnes – acceptent généralement volontiers. Car ce qui compte, ce sont les espèces sonnantes et trébuchantes remises par le contremaitre.

Revenons à présent en ville, pour voir ce qu'il en est du plafond de verre qui y régit le marché de l'emploi féminin.

Le plafond de verre

En Tunisie, les femmes représentent 66% de l'ensemble des diplômés du supérieur. Pourtant, elles représentent à peine 26% de la population active[141]. Par ailleurs, parmi les chefs d'entreprises, 11.7% seulement sont des femmes, et elles ne sont que 37% à pouvoir siéger aux conseils d'administration, c'est-à-dire accéder aux commandes des entreprises. Et encore, il s'agit le plus souvent d'héritières d'entreprises familiales.

Méfions-nous des chiffres : 26% des médecins sont des femmes, nous dit-on. Certes, mais ce n'est là qu'une moyenne, cachant de grandes disparités, entre d'une part une santé

---

[139] Broussard Elodie, *Etude exploratoire sur la traite des personnes en Tunisie*, Tunis, Organisation Internationale pour les Migrations, juin 2013, p. 56
[140] « Un petit quelque chose », en arabe dialectal
[141] Institut National des Statistiques

publique caractérisée par une traditionnelle parité entre les médecins, et un secteur privé dans lequel moins du tiers des praticiens sont des femmes. De même, si on examine la part des médecins femmes dans les spécialités les plus prestigieuses – cardiologie, cancérologie, microchirurgie – on constate qu'elles sont parfois quasiment absentes, les mandarins de la profession étant tous des hommes.

Très tôt, les Tunisiennes se rendent compte que seuls les hommes peuvent avoir accès aux commandes. C'est ainsi que, sur les 1370 directeurs des écoles du cycle préparatoire général et de l'enseignement secondaire, seulement 96 sont des femmes[142], ce qui représente à peine 7% du total. Les petites filles, élèves et collégiennes, grandissent donc avec cette idée que le « chef ne peut être qu'un homme », et ce n'est que plus tard, devenues adolescentes-rebelles, qu'elles se rendront compte que les institutions rigides peuvent être bousculées. Tout cela contribue à un processus de socialisation genrée de mauvais augure. Tout comme on apprend à la jeune fille qu'elle doit jouer à la poupée, on lui montre par l'exemple qu'elle ne pourra jamais être directrice d'école. « Maîtresse », oui.

D'une manière générale, dans la fonction publique, les femmes représentent seulement 5.3% des Directeurs Généraux, et 12.3% des Directeurs[143]. Pire encore, seuls 0.3% des secrétaires généraux sont des femmes[144]. La progression des femmes cadres est doublement freinée : d'abord, son avancement dans la hiérarchie est lent. La sociologue tunisienne Dorra Mahfoudh Draoui constate ainsi que « A compétence égale, une femme met deux fois plus de temps qu'un homme pour accéder à la même responsabilité[145] ».

Par ailleurs, l'accès aux plus hautes fonctions dans les entreprises publiques se fait sur nomination. Là encore, Président de la République, premier ministre et ministres hésitent à nommer les candidates femmes qui leur sont

---

[142] Ministère de l'Education, 2013
[143] Ministère de la Femme, de la Famille et de l'Enfance
[144] L'Université où nous enseignons fait partie des rares établissements publics en Tunisie où le secrétaire générale est une femme
[145] Mahfoudh Draoui (D.), *Les femmes tunisiennes dans le travail et le mouvement syndical*, Tunis, Friedrich Ebert Stiftung, 2017, p. 29

proposées. Parfois, ces dernières sont elles-mêmes réticentes à accepter des postes à haute responsabilité, car cela implique des déplacements fréquents, des missions à l'étranger, des déjeuners officiels, autant de contraintes incompatibles avec une vie familiale.

Le positionnement de femmes dans les hautes sphères décisionnelles permettrait pourtant de mettre en place des politiques en faveur de l'égalité des sexes[146]. Par exemple, lorsque le Président Directeur Général d'une entreprise est une femme, cela pourrait favoriser une plus grande équité des rémunérations entre les employés des deux sexes. Un effet domino en quelque sorte, qui pourrait également contribuer à une plus grande mixité au niveau des conseils d'administration et des cadres supérieurs, puisqu'une femme aura moins de scrupules à s'entourer d'autres femmes. D'une manière mécanique, l'attribution des responsabilités serait davantage liée à des critères de compétences. Au-delà d'une plus grande justice sociale, cela aurait des répercussions positives au niveau de la qualité de l'encadrement.

Au niveau macroéconomique, le fait d'avoir plus de femmes à des postes de responsabilité est un gage de modernisation et d'émancipation, ce qui est indubitablement un message fort adressé aux partenaires internationaux. Enfin, ce serait une manière de donner l'exemple en matière d'égalité des sexes et d'autonomisation de la femme[147].

Cette situation défavorable à la femme est sensiblement la même dans la sphère politique. Et ce n'est point un hasard. En effet, la mise à l'écart des femmes cadres du marché du travail les empêche d'accumuler l'expérience nécessaire pour investir pleinement la scène politique. En restant cantonnée à des postes techniques subalternes, les femmes cadres n'auront pas non plus l'opportunité de constituer les réseaux nécessaires,

---

[146] Fonds de Développement des Nations Unies pour la Femme, *Principes d'autonomisation des femmes. Pour l'entreprise aussi, l'égalité est une bonne affaire*, New York, UNIFEM, 2009, p. 2

[147] Fonds de Développement des Nations Unies pour la Femme, *Principes d'autonomisation des femmes. Pour l'entreprise aussi, l'égalité est une bonne affaire*, New York, UNIFEM, 2009, p. 3

ni d'accumuler le capital financier, deux conditions *sine qua non* pour s'engager dans une action politique efficiente.

C'est ainsi que, sur les 217 députés de l'Assemblée des Représentants du Peuple[148], seulement 68 sont des femmes, ce qui représente moins du tiers. Il n'existe pas non plus de groupes parlementaires féminins, qui pourraient renforcer l'action féministe d'un parlement à majorité masculine. Malgré l'inscription de la parité dans la Constitution et les lois électorales, nous sommes encore bien loin des deux tiers de sièges du parlement occupés par des femmes au Rwanda[149].

On dit que la politique se féminise en Tunisie. C'est vrai, mais elle se féminise par le bas. De la poudre aux yeux. Certes, il arrive que la nation donne naissance à des femmes talentueuses qui, contre toute attente, parviennent à surmonter tous les obstacles pour réussir dans le domaine politique. Mais malgré toutes les avancées, on se rend compte que, finalement aucune femme n'a réussi à briser le plafond de verre[150] tunisien.

Tout au plus, le pays se targue-t-il d'aligner quelques ministres femmes, dans des départements de seconde zone, tels que le tourisme ou le sport. Et encore, il s'agit là de nominations entrant dans le cadre d'âpres négociations, dans lesquelles le facteur compétence n'aura joué qu'un faible poids. Sur les 1500 nominations à des postes de décision après la Révolution, seuls 7% ont été dévolus aux femmes[151]. Enfin, malgré un militantisme maintes fois prouvé, aucune femme

---

[148] ARP, désignation officielle du Parlement tunisien depuis la révolution du Jasmin
[149] Selon le World Economic Forum, le Rwanda occupe aujourd'hui le 5ème rang mondial des inégalités entre les sexes. Il est vrai que ce pays constitue une exception en Afrique, ayant su tirer les leçons de la tragédie de 1994
[150] L'expression « glass ceiling » (plafond de verre) est apparue aux États-Unis à la fin des années 1970, reprenant le titre d'un film d'Elia Kazan, *Le mur invisible*, paru en 1947. Elle désigne une structure hiérarchique rigide, dans laquelle les niveaux supérieurs ne sont pas accessibles à certaines catégories de personnes. Aujourd'hui, l'expression désigne la situation où une femme est confrontée à un réseau de pouvoir tacite qui l'écarte systématiquement d'un niveau hiérarchique auquel elle peut prétendre
[151] Depaoli (Giorgia), *Profil Genre de la Tunisie 2014*, Tunis, Union européenne, juin 2014

tunisienne n'occupe une position stratégique dans la puissante centrale syndicale[152].

En Tunisie, les femmes rêvent encore de parcours politiques tels que celui de Bibi Ameenah Firdaus Gurib-Fakim, Présidente de Maurice, Ellen Johnson Sirleaf Présidente sortante du Libéria, ou encore de Joycee Banda, Présidente du Malawi. Assurément, le terrain politique s'avère trop rude à négocier[153]. La majorité des Tunisiennes engagées au point de briguer des postes à haute responsabilité politique, redoutent tellement les attaques sexistes qu'elles finissent par se contenter de postes subalternes, plutôt techniques, dans l'opposition.

Au point que les Nations Unies, ONU Femme notamment, financent aujourd'hui de nombreux programmes d'empowerment des jeunes femmes militant dans des partis politiques, afin de les préparer à affronter le regard et la rancœur des hommes. Nous avons souvent été sollicité pour former des jeunes femmes dans le cadre de ces programmes, avec toujours le même constat : l'élite féminine bute systématiquement sur des écueils machistes puérils, qui finalement font émerger une médiocrité masculine, aujourd'hui au pouvoir. Certes, les grands partis politiques font parfois mine de soutenir des femmes, mais il s'agit le plus souvent d'artifices largement médiatisés, car il est bon d'afficher une image moderne et pro-féminine.

En Tunisie, le plafond de verre s'avère être également un phénomène rural. En effet, très peu de femmes arrivent à un haut niveau de décision et d'autonomie dans l'entrepreneuriat agricole, puisque 4% seulement des promoteurs agricoles sont des femmes[154]. Il s'agit le plus souvent de femmes ayant hérité d'un domaine agricole ou d'un grand cheptel.

Ce faible entrepreneuriat féminin en milieu rural s'explique par un accès inégal à la propriété foncière, et

---

[152] L'Union Générale des Travailleurs Tunisiens (UGTT), dont le pouvoir s'est renforcé après la Révolution du Jasmin
[153] Oyaro (K.), « La politique se féminise. Mais c'est toujours une affaire d'homme », in *Afrique Renouveau*, Nations Unies, août-novembre 2017, pp. 26-34
[154] Agence de Promotion des Investissements Agricoles (APIA)

notamment en ce qui concerne les terrains agricoles[155]. Il s'explique également par un inégal accès aux microcrédits : seul un bénéficiaire de microcrédit sur quatre est une femme. Pourtant, les femmes porteuses de micro-projets ruraux, comme de petits élevages, sont réputées être plus respectueuses des échanciers de remboursement.

Notons pour clore cette réflexion que les productions audiovisuelles tunisiennes ne font que confirmer, et en même temps perpétuer, ce plafond de verre. En effet, une observation faite sur un corpus de cinq feuilletons de fiction à succès[156], soit environ 69 heures de programme diffusées pendant le mois de Ramadan 2015[157], avait confirmé la sous-représentation des femmes dans les catégories sociales supérieures[158]. En effet, 17% des héros et seconds rôles masculins étaient des dirigeants ou cadres supérieurs, contre seulement 8% chez les femmes. Les stéréotypes et les imaginaires genrés sont ainsi entretenus, voire créés, d'une manière insidieuse, dans les foyers.

La syndicalisation de la femme

Les profondes mutations économiques et sociales des années 1970, et notamment la prolétarisation des femmes, ont entraîné un vaste mouvement de syndicalisation féminine. Retenons les grèves des ouvrières du textile de 1975, qui seront suivies en 2008 par une implication des militantes syndicales aux mouvements dans le bassin minier, ainsi que leur participation en masse dans les manifestations qui ont conduit à la Révolution du Jasmin.

Nous avons eu l'occasion de souligner *supra* que la femme tunisienne souffre encore de nombreuses

---

[155] Centre de Recherche, d'Etudes, de Documentation et d'Information sur la Femme, *L'autonomisation économique des femmes : un pari à gagner, Tunis,* CREDIF, août 2013
[156] *Awled Moufida, Hikayet Tounissia, Leilat Echek, Al Risk,* et *Naouret Lahwa*
[157] Correspondant à la période allant du 18 juin au 17 juillet 2015
[158] Haute Autorité Indépendante de la Communication Audiovisuelle, Conseil Supérieur de l'Audiovisuel, *Place et représentation des femmes dans les fictions télévisuelles,* Tunis, HAICA, 2016, p. 15

discriminations sur le marché du travail, ce qui justifie son implication pour obtenir un traitement meilleur. Pourtant, il semble que malgré un militantisme sans équivoque, l'effort syndical féminin reste peu reconnu.

La sociologue tunisienne Dorra Mahfoudh Draoui résume ce qui semble s'inscrire dans un cycle du syndicalisme féminin en Tunisie : « L'observation montre que les femmes émergent lorsque le syndicalisme prend la forme d'un mouvement social mais elles disparaissent dès que le syndicalisme devient une institution avec ses règles et ses pratiques[159] ». Une forme d'exploitation féminine de plus.

Mobilisées dans les actions de terrain, les militantes de l'Union Générale des Travailleurs Tunisiens (UGTT), sont ensuite exclues des réunions, invisibles, absentes lorsqu'il s'agit de récolter quelque laurier. Et donc inéligibles à toute forme de promotion au sein de l'institution. Une femme syndicaliste du Kef avoue ainsi un curieux paradoxe : « Les femmes dirigent des grèves mais ne peuvent aller à l'UGTT, car elles doivent rentrer faire la cuisine », une autre de Sfax se plaint : « A l'UGTT, on ne manque pas de femmes mais elles ne sont pas visibles, elles ne viennent pas à l'UGTT et celles qui viennent le samedi ou le dimanche sont désignées du doigt[160] ».

Ce qu'écrivait le sociologue tunisien Abdelwaheb Bouhdiba à propos du militantisme de la femme kairouanaise tout au long de la « nuit coloniale » est encore d'actualité aujourd'hui : « La femme silencieuse et digne est au premier plan de tous les combats[161] ».

Il semblerait par ailleurs que l'activité syndicale des femmes soit freinée par cela même qui ralentit leurs carrières : les charges familiales et domestiques, les ingérences de la

---

[159] Mahfoudh Draoui (Dorra), *Les femmes tunisiennes dans le travail et le mouvement syndical*, Tunis, Friedrich Ebert Stiftung, 2017, p. 42 ; voir également Mahfoudh Draoui (D.), « La syndicalisation des femmes en Tunisie », in *Les femmes et la modernité, Peuples Méditerranéens*, juillet-décembre 1988, pp. 44-45
[160] Mahfoudh Draoui (Dorra), *Les femmes tunisiennes dans le travail et le mouvement syndical*, Tunis, Friedrich Ebert Stiftung, 2017, p. 88
[161] Bouhdiba (Abdelwaheb), Masmoudi (Mohamed), *Kairouan. La durée*, Tunis, Sud éditions, 2010, p. 153

famille, à quoi il faut ajouter cette image négative du syndicaliste, fonction masculine et accusée de tous les maux de l'économie de la Tunisie moderne, voire de banditisme[162].

---

[162] L'action syndicale est souvent décriée aujourd'hui, considérée comme un frein au développement économique du pays, au travers de grèves cycliques et parfois injustifiées, et notamment dans l'industrie, les services publics et l'éducation

Chapitre VI
LA MIGRATION FEMININE

« Un fleuve puissant mais silencieux : les femmes et la migration[163] » ; c'est en ces termes que le Fond des Nations Unies pour la Population (FNUAP) qualifiait, en 2006 déjà, un phénomène mondial qui avait surpris plus d'un expert en démographie, et qui fait encore polémique aujourd'hui : la féminisation de la migration internationale.

La féminisation de la migration mondiale

« La migration porte un visage humain, et c'est celui d'une femme », se plaisait encore à dire feu Babatunde Osotimehin[164], directeur exécutif du FNUAP. Pourtant, la migration des femmes est loin d'être un phénomène véritablement nouveau, puisque au XIXème siècle déjà, les Irlandaises surpassaient en volume les Irlandais dans les rangs des migrants.

Toujours est-il que la moitié des migrants[165] sont aujourd'hui des femmes : sur les 214 millions de migrants aujourd'hui recensés dans le monde, 49% sont des femmes[166]. La féminisation de la migration est particulièrement marquée en Asie[167]. Toutefois, comme le souligne le géographe français Gildas Simon, « On doit sortir d'une vision qui enferme les flux de la mobilité féminine dans les filets du regroupement familial, des demandes spécifiques des marchés du travail, de l'industrie du sexe et de la traite internationale[168] ».

Nous sommes ainsi progressivement passés d'une migration féminine traditionnelle passive de regroupement familial, vers une migration féminine active spontanée, volontaire. C'est désormais une femme célibataire, déterminée et à la recherche d'une autonomie financière qui quitte son pays

---

[163] Alcala (Maria José), *Etat de la population mondiale 2006. Vers l'espoir. Les femmes et la migration internationale*, New York, Fonds des Nations Unies pour la Population, 2007, p. 21

pour trouver du travail ailleurs. Cette autonomisation réussit parfois si bien qu'un retour ne peut guère être envisagé sous peine de renoncer à ces acquis.

En Europe, les Maghrébines sont les migrantes non européennes les plus nombreuses, après les Turques. En France, les migrantes maghrébines, davantage impliquées dans des procédures de regroupement familial[169], sont moins nombreuses que leurs compatriotes masculins, et également moins nombreuses que les immigrées en provenance d'Europe du sud (Italie, Espagne, Portugal). Ces dernières restent majoritaires par rapport aux hommes. Certaines migrations sont même exclusivement féminines. C'est le cas des Indiennes, Philippines, Polonaises et Européennes de l'Est qui migrent vers l'Islande et le Royaume Uni[170].

Les raisons des départs sont le regroupement familial, mais également la recherche d'un emploi et le besoin vital d'envoyer de l'argent à la famille. La féminisation des migrations internationales correspond ainsi à une féminisation des envois de fonds. On note également le développement de stratégies matrimoniales, sous la forme de mariages blancs par exemple[171], dans certaines populations.

Voyons ce qu'il en est en Tunisie.

---

[164] Brutalement décédé en juin 2017
[165] Au sens d'individu résidant dans un autre pays que celui où il est né
[166] Nations Unies. Cette proportion était déjà de 46.6% en 1960
[167] En Indonésie, 80% des migrants sont des femmes, ce taux étant de plus de 60% aux Philippines ou au Sri Lanka
[168] Gildas (Simon), *La planète migratoire dans la mondialisation*, Paris, Armand Colin, 2008
[169] On observe des résistances dans les sociétés arabes rurales du sud de la Méditerranée, d'où une migration féminine encore largement mue par des stratégies de regroupement familial
[170] *Rapport européen sur les migrantes des pays tiers vers l'Union européenne*
[171] Voir les travaux de la sociologue marocaine Rahma Bourquia, et notamment un intéressant travail de terrain dans les communes rurales de Beni Meskine

La migration féminine en Tunisie

En Tunisie, après les vagues de migration internationale exclusivement masculine de l'après-guerre, la migration commence à se féminiser à partir des années 1980. En France par exemple, 80% des immigrés tunisiens étaient des hommes au début des années 1960, mais ils ne sont plus que 59% en 1990. Certes, aujourd'hui l'émigration concerne plus particulièrement les jeunes hommes âgés de 15 à 30 ans, dans une proportion qui avoisine cinq hommes pour une femme[172]. Toutefois, les femmes semblent être de plus en plus nombreuses à quitter le pays pour s'installer durablement – définitivement ? – à l'étranger.

Plusieurs facteurs ont contribué à cette timide féminisation de la migration. Il y a d'abord le regroupement familial, c'est à dire la migration des épouses et des enfants, ces derniers pouvant être autant des garçons que des filles. Par ailleurs, le décès des migrants hommes de la première heure, plus âgés que leurs épouses, a permis de rétablir un certain équilibre de genre au sein de la diaspora. Enfin la récente fermeture des frontières en Europe a fini par ralentir les flux officiels de migration d'emploi, qui est à dominante masculine.

A partir du milieu des années 1990, la féminisation de la migration prend une nouvelle tournure : ce sont désormais des battantes qui quittent le pays seules, pour s'installer en Europe, et notamment en France, pour étudier ou travailler, souvent dans un *continuum* logique. Les emplois occupés par ces nouvelles générations de femmes sont désormais bien plus qualifiés[173]. La femme ignorante qui part rejoindre un mari à peine moins analphabète, et qui joint les deux bouts en

---

[172] Institut National des Statistiques, *Recensement Général de la Population et de l'Habitat 2014*, Tunis, INS, 2015. La période de référence de l'acte de migration était 2009-2014
[173] Khouaja (A.), « Mobilité résidentielle, géographique et sociale des familles et des femmes », in *Les mutations sociodémographiques de la famille tunisienne. Analyse approfondie des résultats de l'enquête PAPFAM*, Office National de la Famille et de la Population, 2006, p. 106

travaillant comme femme de ménage au noir est assurément une image du passé postcolonial.

Au niveau de la migration interne, on constate également ce phénomène de féminisation des flux. En 2014, sur les 430553 migrants internes, 211049 sont des hommes, et un peu plus, soit 219504 des femmes. Le rapport de masculinité de la migration interne, qui était de 1.2 au cours de la période (1987-1994), a chuté à 0.96 durant la période (2009-2014)[174].

Tant qu'il s'agit de rester à l'intérieur des frontières nationales, les Tunisiennes semblent avoir moins de difficultés à quitter leur foyer parental pour s'installer ailleurs, le plus souvent pour travailler ou se marier. Les gouvernorats de destination privilégiés sont ceux du Grand Tunis et du Centre Est, c'est-à-dire les régions les plus favorisées sur le plan économique.

La migration illégale féminine

La situation réelle de la *harga*[175] – masculine autant que féminine d'ailleurs – reste encore floue en Tunisie, du fait justement de la nature clandestine du phénomène. De plus, cette forme de mobilité qui se veut homogène englobe en réalité différentes catégories de femmes, telles que « migrante illégale », « overstayer », « demandeuse d'asile[176] »,...

Il est ainsi difficile d'estimer avec précision le nombre de migrantes clandestines tunisiennes, elles seraient une centaine à passer chaque année les filets des garde-côtes[177]. La difficulté de les interviewer lorsqu'elles sont à l'étranger est liée à leur statut illégal, la plupart craignant d'être arrêtées par la police. Il n'est guère plus facile de s'entretenir avec des femmes

---

[174] Institut National des Statistiques

[175] Désignation populaire de la migration illégale en Tunisie et en Algérie. La racine arabe *hrg* signifie brûler, en référence à l'habitude qu'a le migrant de brûler ses papiers avant d'embarquer, afin de ne pas être identifié et expulsé

[176] Est considéré *illégale* la migrante qui entre illégalement dans un pays, ce qui exclut les femmes qui restent dans le pays après l'expiration de leur visa, ainsi que les demandeuses d'asile déboutées mais qui n'ont pas encore été refoulées du territoire

[177] Observatoire Maghrébin des Migrations, *Rapport annuel sur la migration irrégulière*, Tunis, OMM, 2016

clandestines « repenties » et retournées au pays. Nous avons maintes fois tenté de conduire des travaux de terrain académiques auprès de Tunisiennes migrantes illégales de retour, mais sans réel succès.

On sait que les principales voies clandestines empruntées par les migrantes illégales ont pour point de départ les régions côtières de Bizerte, Nabeul et Sfax. Les destinations privilégiées sont les îles italiennes de Trapani, Lampedusa et la Sicile. Pendant le voyage maritime, les femmes sont encore plus exposées que les hommes aux mauvais traitements. Non accompagnées par un homme, elles deviennent particulièrement vulnérables au harcèlement sexuel, au proxénétisme et au racket, voire au viol.

En Tunisie, la pauvreté des femmes, souvent conjuguée à une vie pénible et des mauvais traitements quotidiens, constitue la cause majeure du départ et de l'aventure en *terra incognita*. Or, contrairement aux attentes, la Révolution du Jasmin de 2010 a été à l'origine d'une paupérisation généralisée des familles, et notamment celles vivant dans l'intérieur rural du pays. C'est donc avant tout pour améliorer leur propre sort que les Tunisiennes embarquent clandestinement pour l'Italie.

Que faire donc face à ce fléau, que beaucoup d'intellectuels considèrent comme un « fait social total », au sens de l'anthropologue français Marcel Mauss[178], et dont on retiendra surtout les images terribles de ces milliers de « *harragas* » noyés en tentant une très improbable traversée de la Méditerranée ?

Une réponse réaliste semblerait provenir de la société civile. La « Deuxième rencontre des Marocaines d'ici et d'ailleurs », tenue les 18 et 19 décembre 2009 à Marrakech s'était ainsi achevée sur la recommandation suivante : la mise en place d'un « Observatoire maghrébin de la migration féminine ». Une telle institution semblait en effet répondre au

---

[178] Le « fait Social Total » se reconnaît à sa caractéristique de concerner l'ensemble des membres d'une société, le rôle des sciences sociales étant précisément de déceler dans quelle mesure ce fait reflète les caractéristiques intrinsèques d'une société donnée. Pour plus de détail, voir Mauss (M.), « Essai sur le don. Forme et raison de l'échange dans les sociétés archaïques », in *L'année sociologique*, 1923

manque d'information et à la nécessité de réfléchir sur des aspects jusque-là occultés de la migration féminine.

Une base de données maghrébine sur les migrantes clandestines serait certainement un premier pas vers la gestion de ce problème nouveau qu'est la féminisation de la migration clandestine. Cela permettrait de construire une stratégie efficace pour endiguer des mouvements de mobilité désordonnée et sans lendemains.

Le *jihad ennikah*

Une autre forme de migration illégale, spécifiquement féminine celle-là, est également apparue sous l'effet des troubles politiques de 2010. La Révolution a été à l'origine d'un vaste mouvement de radicalisation islamique de la jeunesse tunisienne, remettant à l'ordre du jour le jihadisme. De nombreux jeunes tunisiens sont ainsi partis combattre au nom de l'Islam en Libye, en Syrie, voire même en Irak. Les femmes ont également été impliquées dans ce mouvement migratoire clandestin.

En effet, depuis 2013, plusieurs cas de *jihad ennikah*[179] ont ainsi été signalés par les autorités tunisiennes : un nombre croissant de jeunes femmes, le plus souvent mineures, ont entrepris un long voyage clandestin, non pas vers l'eldorado européen, mais vers l'enfer des zones de combat en Syrie. Le but du voyage était de satisfaire les besoins sexuels des combattants musulmans, tunisiens ou autres, engagés contre le régime de Bachar El Assad.

Tout avait commencé par une fatwa émise par le Cheikh wahhabite saoudien Mohamed Al Arifi en mars 2013. Cette dernière, largement diffusée sur les réseaux sociaux, ouvrait les portes du paradis aux filles âgées de plus de 14 ans qui offriraient leurs corps aux combattants en Syrie, pour soutenir leur moral. Cette fatwa avait soulevé un grand débat en Tunisie. Alors que ces actes étaient considérés par l'opinion publique comme une véritable atteinte aux droits sexuels basiques de la femme tunisienne, certains ont souligné que le

---

[179] La racine arabe *nkh* désignant le mariage

jihadiste avait lui aussi le droit de satisfaire ses besoins sexuels !

Après une période d'attentisme, due à une instabilité du pouvoir et une position pour le moins ambiguë vis a vis de cette question, le gouvernement tunisien a fini par décider d'interdire cette forme de mobilité féminine, ce qui du coup la fit basculer dans la migration irrégulière. Un contrôle plus rigoureux des frontières a alors permis de limiter les départs vers la Syrie, via la Turquie en particulier.

En 2014, le ministère de l'Intérieur avait même interdit aux femmes de voyager seules vers certaines destinations suspectes et hors de la zone Schengen, telles que le Maroc ou la Turquie[180], sans le consentement du mari. De telles mesures, qui allaient à l'encontre des droits de l'Homme les plus élémentaires, semblent toutefois avoir porté leurs fruits, puisque les principales filières de passeurs clandestins vers la Syrie avaient été démantelées.

L'Union Nationale de la Femme Tunisienne (UNFT) avait mis en place une éphémère cellule d'écoute et de conseil destinée aux jeunes femmes revenues de Syrie, victimes du *jihad ennikah*. Il faudrait pérenniser et renforcer ces cellules avec la participation d'assistantes sociales, de sociologues, de psychologues, de gynécologues, d'avocats, afin de poursuivre en justice les personnes qui ont encouragé ou facilité le départ des migrantes.

Il convient en effet de prendre en charge ces jeunes femmes abusées, dont les plus chanceuses retournent enceintes, sexuellement infectées, et au mieux victimes de graves dépressions. Il faudrait également médiatiser ces cas, afin d'éviter que d'autres femmes n'accomplissent les mêmes actes.

On sait aujourd'hui que la grande majorité de ces jeunes filles manipulées sont peu éduquées, ayant interrompu d'improbables études au niveau de la 9ème année de base[181], sont issues de quartiers populaires, et portent le *hijab* depuis le début de l'année 2011 et l'émergence d'une classe politique islamiste.

---

[180] Les Tunisiennes peuvent se rendre sans visa dans ces deux pays, et de là prendre l'avion pour la Syrie. A partir de la Turquie, elles peuvent même se rendre directement vers les zones de combat par la route

[181] Equivalent du collège du système éducatif français

D'après le ministère de l'Intérieur, l'endoctrinement des jeunes femmes se fait par des salafistes extrémistes qui leur promettent le mariage, à leur retour de Syrie, ou bien par des associations caritatives opérant dans les mosquées, les cafés et les centres de publinet, soit encore par le biais d'amies unies par les liens du *zawaj orfi*[182] à des jeunes salafistes jihadistes.

Les retombées socio-économiques de la migration des femmes

Au-delà de ces cas de migrations particulières et nuisibles, la migration féminine, sous ses formes « positives », a des retombées non négligeables sur le développement socioéconomique du pays. D'abord, au travers des rapatriements d'une partie des revenus. Comme pour les hommes, le salaire d'une femme, décuplé par les taux de change défavorables du Dinar tunisien, peut faire vivre des familles entières dans les *douars*[183] misérables des « zones d'ombres ».

Les femmes tunisiennes vivant à l'étranger ne font pas qu'envoyer de l'argent. Les experts en migration C. Ramirez, M. Dominguez et J. Morais évoquent ainsi la notion de transfert immatériel : « Au-delà des rapatriements de salaires, des envois sociaux des femmes migrantes (idées, compétences, attitudes, connaissances, etc…) peuvent aussi stimuler le développement socioéconomique et promouvoir les droits humains et l'égalité des sexes. Les femmes migrantes qui envoient régulièrement de l'argent transmettent en même temps une nouvelle définition de la féminitude. Cela peut retentir sur la conception que familles et communautés ont des femmes[184] ».

Ce raisonnement nous parait tout à fait plausible lorsque les migrantes porteuses de messages vivent dans des sociétés libres, émancipées, dans lesquelles la femme jouit pleinement de ses droits. De ce point de vue, les émigrantes tunisiennes

---

[182] Mariage coutumier, autrefois contracté entre deux personnes consentantes. Il sera interdit et remplacé par le mariage civil après l'indépendance en 1956
[183] Villages
[184] Ramirez (C.), Dominguez (M.), Morais (J.), *Cross Border: remittances, Gender and development*, New York, United Nations International Research and Training Institute for the Advancement of Women, 2005

vivant au Canada, en France ou en Norvège, peuvent effectivement contribuer à promouvoir les droits des femmes restées au pays.

Mais *quid* alors de ces nombreuses femmes tunisiennes émigrées dans un pays du Golfe, là où la femme n'est finalement pas grand-chose ? Que pourraient-elles ramener dans leurs bagages, sinon une voiture luxueuse, une épargne consistante, quelque matériel high-tech ? Si ces Tunisiennes doivent porter un message d'émancipation, c'est en sens inverse qu'elles le feront.

Certes, les migrants hommes sont également des vecteurs de changement, au travers d'un transfert d'idées neuves, mais leur apport reste moindre, et d'une manière générale, les femmes sont certainement les mieux placées pour améliorer la condition féminine dans leurs communautés d'origine. Ne serait-ce qu'au travers des *nissaiyet*[185], ces interminables discussions lors des longues soirées à ciel ouvert, à l'occasion des vacances estivales.

De nombreuses études portant sur des femmes migrantes de retour au Mexique, au Guatemala ou, plus près de nous au Maroc, ont ainsi démontré la plus grande capacité des femmes à obtenir des changements concrets dans leurs communautés d'origine. Nous avons été en mesure de constater cela dans le domaine de la santé. En particulier, les émigrantes marocaines de retour dans les villages avaient été un facteur de premier plan pour faire reculer la mortalité infantile en milieu rural[186].

L'exemple le plus typique en Tunisie est la promotion de la culture de la vaccination des enfants, ou celle de la contraception, à l'occasion des vacances estivales, lorsque les femmes émigrées retrouvent leurs familles dans les villages.

L'apport « émancipateur » des femmes migrantes de retour semble plus effectif lorsqu'elles émigrent seules, car elles ont plus de capacités à intégrer et assimiler les cultures locales. En effet, lorsqu'une Tunisienne quitte le pays dans le cadre d'un regroupement familial par exemple, son époux, animé

---

[185] Dérivé de la racine *nsw*, désignant la femme
[186] Pour plus de détail, voir Hildebrandt (N.), Mac Kenzie (D. J.), *The effects of migration on child health in Mexico*, Californie, Stanford University, 2005

d'un excès de zèle, aura souvent tendance à la surprotéger et la maintenir dans un état d'isolement culturel.

En agissant au nom de la préservation de l'identité culturelle et de l'honneur, les époux créent parfois un véritable « microclimat » artificiel, étanche à la culture du pays d'accueil. L'intégration des migrantes tunisiennes dans des pays offrant une place de choix à la femme peut toutefois se révéler positive, au point d'ailleurs de remettre en question tout projet de retour[187].

---

[187] Alcala (Maria José), *Etat de la population mondiale 2006. Vers l'espoir. Les femmes et la migration internationale*, New York, Fonds des Nations Unies pour la Population, 2007, p. 30

Troisième partie
FONDER UNE FAMILLE

Dans cette troisième partie de l'ouvrage, nous nous attacherons à réfléchir sur le schéma classique censé régler la vie familiale qui attend toute Tunisienne : rencontre d'un homme de bien, fiançailles discrètes, mariage bruyant, enfants. Deux de préférence. Mais en réalité, cela fait belle lurette que ça ne fonctionne plus ainsi. Le mécanisme conduisant du mariage à la maternité, en particulier, semble s'être grippé depuis quelques décennies déjà.

Nous examinerons également les spécificités de la divortialité de la femme tunisienne, avant de voir dans quelle mesure la fécondité obéit aujourd'hui à de nouveaux modèles que l'on pourrait qualifier de « néo-traditionnels ».

Chapitre VII
LA NUPTIALITE

Malgré le poids des traditions, malgré l'obscurantisme récurrent, les Tunisiennes conquièrent jour après jour plus d'autonomie dans leur vie familiale, sociale, professionnelle. Les statuts juridiques, qui les enfermaient dans une situation d'infériorité, évoluent progressivement. La législation du mariage en est un exemple.

Les avancées législatives

En ce qui concerne la législation en matière matrimoniale, la Tunisie a été un pionnier, comme le suggère le sociologue tunisien Abdelwaheb Bouhdiba : « Les premiers pas de l'émancipation féminine en islam ont été faits à Kairouan[188] ». Bouhdiba songeait certainement au « *orf ahl al qayrawân* », usage malikite qui accordait à la femme kairouanaise le droit de stipuler, le jour même de son mariage, des clauses en sa faveur, comme par exemple en cas d'absence prolongée du mari, d'abandon du foyer, de répudiation, de polygamie, de tâches domestiques,...

Un contrat de mariage établi à Kairouan en 1758 porte ainsi la « clause kairouanaise » suivante : « L'époux ici nommé fait acception totale d'accorder à son épouse ici nommée de ne pas prendre une deuxième épouse avec elle sans son autorisation et sans son consentement, sans quoi elle aura la haute main sur le sort de l'intruse, la fait répudier comme elle veut, en simple ou en triple[189], et cela durant huit ans à partir de la date du mariage et sur les lieux de sa naissance. De même l'époux n'imposera pas à son épouse de moudre ce qui est

---

[188] Bouhdiba (Abdelwaheb), Masmoudi (Mohamed), *Kairouan. La durée*, Tunis, Sud éditions, 2010, p. 134
[189] Répétition trois fois de suite de la formule « Tu es répudiée ! », prononcée généralement sous l'effet de la colère. Un simple dîner brûlé pouvait conduire à de tels abus

nécessaire pour la nourriture, il louera les services de quelqu'un pour cela...[190] ».

Il convient de porter ici hommage au grand homme politique tunisien Abdelaziz Thâalbi[191], qui avait considéré l'éducation des filles comme une condition essentielle à l'émancipation de la femme et au développement du pays. Hommage également au penseur, syndicaliste et homme politique tunisien Tahar Haddad, qui à la fin des années 1920, avait écrit de nombreux articles engagés[192], véritable plaidoyer pour l'instruction de la femme et son émancipation juridique et sociale.

Ces écrits sont à l'origine de son ouvrage le plus connu, *Notre femme dans la législation islamique et la société*, publié en 1930, dans lequel Tahar Haddad présente son programme de réforme sociale par le biais de l'émancipation et de la libération de la femme. Il propose notamment ce qui ne sera finalement entériné qu'une trentaine d'années plus tard : l'annulation de la répudiation, l'interdiction de la polygamie, ou encore la possibilité pour une femme de choisir son époux.

C'est ainsi que la promulgation du Code du Statut Personnel en 1956, au lendemain de l'indépendance, a permis des avancées significatives pour la femme tunisienne, en ce qui concerne la règlementation du mariage. Des aberrations telles que la polygamie[193], la répudiation, le mariage des mineures, le *jabr*[194], ou *Dar Joued*[195], ont été abolies par un Président éclairé et courageux[196] – simplement laïc ? Les voisins algérien et

---

[190] Bouhdiba (Abdelwaheb), Masmoudi (Mohamed), *Kairouan. La durée*, Tunis, Sud éditions, 2010, p. 135
[191] Il fut notamment le fondateur en 1920 du *Destour*, parti politique qui deviendra ensuite le *Néo-Destour* du futur premier Président de la République tunisienne, Habib Bourguiba.
[192] Et notamment dans le journal *Al Sawab,* dirigé par Hédi Laâbidi
[193] Avant 1956, un citoyen tunisien pouvait épouser simultanément quatre femmes
[194] Contrainte matrimoniale
[195] Sorte de maison de rétention dans lesquelles les femmes étaient condamnées à la réclusion par le *qadi* (juge). Les motifs étaient généralement le refus d'un mari indésirable, l'attachement à un amant non accepté par le père. En cas de répudiation, la *idda* (période de viduité) y était également purgée
[196] Habib Bourguiba a été Président de la République de 1956 à 1987

marocain n'auront pas accordé de telles largesses à leurs femmes.

Depuis 1956, quelques textes avant-gardistes ont permis de compléter le Code du Statut Personnel (CSP) : le 12 juillet 1993 par exemple, la disposition « La femme doit respecter les prérogatives du mari » est discrètement remplacée par une obligation faite aux deux époux de « se traiter mutuellement avec bienveillance et de s'entraider dans la gestion du foyer et des affaires des enfants ». Poudre aux yeux ? Toujours ça de gagné, car la Tunisie renforcera progressivement son positionnement pionnier en matière d'émancipation féminine.

D'autres amendements plus concrets suivront, comme le consentement de la mère au mariage de son enfant mineur ou la création d'un fonds garantissant le versement des pensions alimentaires au profit de la femme divorcée et de ses enfants[197].

La nouvelle Constitution de 2014 va également consolider sur le papier ces acquis juridiques. En septembre 2017, le gouvernement finit par abroger la circulaire de 1973, selon laquelle une femme tunisienne musulmane ne pouvait épouser un non-musulman que s'il fournissait un certificat de conversion à l'islam[198]. Cela conduisait d'ailleurs à de ridicules simagrées de conversions auprès du *Mufti* de la République[199]. Cette circulaire, tant haie des féministes, considérait également nul tout mariage célébré à l'étranger avec un non musulman.

Simone de Beauvoir mettait en garde les femmes : « N'oubliez jamais qu'il suffira d'une crise politique, économique ou religieuse pour que les droits de la femme soient remis en question. Ces droits ne sont jamais acquis. Vous devrez rester vigilantes votre vie durant ». Et justement, la Tunisie est en

---

[197] *Loi n° 1993-65 du 5 juillet 1993*, portant création d'un Fonds de garantie de la pension alimentaire et de la rente de divorce, géré par la Caisse Nationale de Sécurité Sociale (CNSS). Ce fonds procède au paiement de la pension alimentaire ou de la rente de divorce, objets de jugements exécutoires rendus au profit des femmes divorcées et des enfants issus de leur union avec les débiteurs, en cas de difficultés d'exécution des jugements rendus en la matière

[198] Le contraire n'était pas vrai, un Tunisien pouvant librement épouser une non-musulmane

[199] Plus haute autorité religieuse du pays

train de traverser une grave crise politique, économique, voire religieuse.

Soyons optimistes, les textes, anciens et nouveaux, laissent présager un avenir serein pour la femme tunisienne. Toutefois, les lois ne suffisent pas. L'ex-Président rwandais Paul Kagamé, artisan de la reconstruction de son pays après les malheurs de 1994, avait tiré les leçons d'une dramatique expérience : « Personne n'y gagne si l'on empêche les femmes de progresser. Nous devons changer les mentalités, pas seulement les lois ».

Voyons donc concrètement comment a évolué la nuptialité des Tunisiennes, dans ce nouveau contexte juridique.

Le célibat féminin

Pendant longtemps, le célibat féminin a été peu répandu dans la société maghrébine. Jusqu'aux années 1960, les femmes âgées de plus de 30 ans étaient déjà quasiment toutes mariées : au Maroc, 8% des femmes étaient célibataires à cet âge, et seulement 4% en Algérie. La Tunisienne se distinguait déjà de ses voisines, avec un taux de célibat de 16% à l'âge de 30 ans.

La situation va rapidement évoluer, et le célibat va progressivement entrer dans les mœurs. En 2014, la moitié des femmes tunisiennes sont encore célibataires à l'âge de 30 ans. La proportion chute ensuite rapidement pour atteindre 18.2% à 40 ans. Les célibataires définitives, c'est-à-dire les femmes ayant atteint l'âge fatidique de cinquante ans sans s'être mariées[200], représentent seulement 6.8% de la population féminine[201].

Le graphique ci-dessous montre la progression de la part des femmes célibataires par âge, en 2004 et en 2014 :

---

[200] En démographie, on considère qu'une quinquagénaire ne peut plus se marier, d'où ce qualificatif un peu incongru, il est vrai, de « définitive ». L'hypothèse facilite les calculs du démographe, mais est totalement irréelle
[201] Institut National des Statistiques, *Recensement Général de la Population et de l'Habitat 2014*, Tunis, INS, 2015

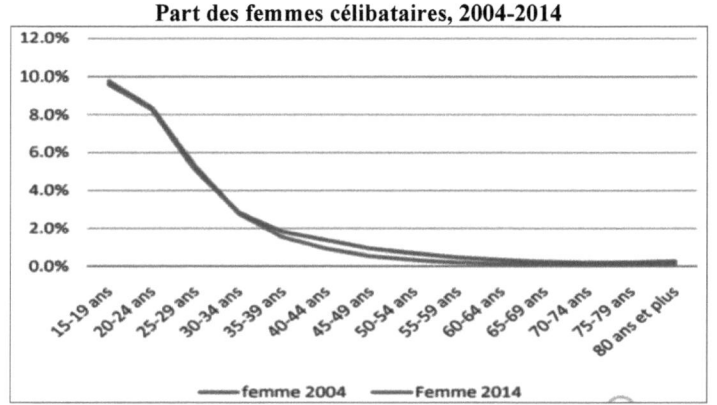

(Source : Recensement Général de la Population et de l'Habitat, 2004 et 2014)

Les deux courbes sont quasiment parallèles, ce qui montre que le célibat a peu évolué entre les deux recensements. Tout au plus observe-t-on un peu plus de femmes matures célibataires, âgées de 40 à 55 ans. On voit surtout que la courbe du célibat féminin tend invariablement vers zéro, ce qui souligne la dimension universelle du mariage en Tunisie : peu importe l'âge, quasiment toutes les femmes finissent par se marier. Le mariage semble ainsi s'inscrire comme une norme sociale.

Revers de la médaille : les quelques femmes qui osent prolonger leur célibat au-delà de ce qui est socialement admis risquent fort de basculer dans la communauté des « infréquentables ». De fait, le célibat féminin à un âge avancé est vécu comme un véritable échec. Mais le plus étonnant, c'est que cet échec soit davantage ressenti par les parents que par les filles célibataires elles-mêmes.

On retrouve là un effet de génération, dans le sens où les parents, qui s'étaient mariés à un âge beaucoup plus précoce, ont du mal à comprendre ce désir de retarder l'entrée en couple. C'est d'ailleurs l'argument qui ressort systématiquement dans toute discussion familiale à ce sujet : « A ton âge, je t'avais déjà mise au monde », a-t-on coutume de marteler aux filles célibataires.

La mère célibataire

Si la fille trop longtemps célibataire dérange, la mère célibataire se trouve quasiment dans une situation de mort sociale. En effet, dans une société où les rapports sexuels extranuptiaux sont condamnés, et où la grossesse hors mariage est vécue comme un drame, les « mères célibataires » – néologisme dans le vocabulaire tunisien – éprouvent les plus grandes difficultés à mener une vie normale.

La sociologue française Anne Le Bris témoigne de la perception que se fait une large part de la société tunisienne de ces femmes : « Les mères célibataires sont perçues comme inhumaines, hors du social, hors normes. Elles appartiennent à la « nature », n'ayant su contrôler leurs pulsions sexuelles. Une directrice d'unité de vie, lieu où sont accueillis temporairement ou définitivement les nourrissons, m'a confié un jour qu'elle apparentait ces mères à des animaux. Leurs enfants, pour leur part, sont perçus en général comme le fruit du péché, des « bâtards », des « fils de putains », et sont « illégitimes », c'est-à-dire que ces enfants n'ont pas de légitimité à exister[202] ».

Cette vision crue est partagée par bon nombre de Tunisiens, et de Tunisiennes même. Les mères célibataires ne sont guère des monstres, pourtant. Nous avons souvent eu l'occasion de réaliser des focus groups avec ces femmes. Loin du cliché de la fille immorale qui court les bars à la recherche d'un homme avec qui passer la nuit, ce sont dans la majorité des cas des jeunes filles dont le seul péché est d'avoir été, trop jeunes, sincèrement amoureuses, et d'avoir eu la naïveté de faire confiance à un homme. Des femmes comme les autres, en somme.

Peut-être qu'une meilleure communication des jeunes filles avec leurs familles, leurs mères surtout, ou avec le personnel éducatif[203], pourrait limiter de telles situations extrêmes. Car les mères célibataires tunisiennes sont le plus

---

[202] Le Bris (A.), « La maternité interdite : être mère sans être épouse en Tunisie. Entre déni et «normification» », in *Recherches féministes*, volume 22, numéro 2, 2009, pp. 43-44

[203] Il existe bien un semblant d'éducation sexuelle en milieu scolaire, mais il reste académique, dans le cadre du cursus de sciences naturelles

souvent âgées de 19 à 25 ans, issues du cycle secondaire (lycéennes), inactives, et sont surtout ignorantes quant à la sexualité et aux pratiques contraceptives[204].

Peut-être aussi que, si faute il y a eu, le fait qu'elle soit partagée, reconnue, assumée – car il faut être deux pour parler de mère célibataire – permettrait d'envisager un avenir plus serein pour la mère et son enfant.

L'autre problème qui se pose est que de nombreuses mères se trouvent contraintes d'abandonner leur enfant, sous l'effet d'une trop forte pression sociale. Près de 1300 enfants naissent ainsi chaque année de mères célibataires[205], dont 600 sont littéralement abandonnés et se retrouvent placés dans un établissement d'accueil[206].

Prenons garde toutefois de croire que le phénomène est nouveau, lié à un quelconque changement social qu'aurait récemment connu la Tunisie. La mère célibataire tunisienne existe depuis belle lurette, mais on n'en parlait pas, l'expression pour la désigner n'existait même pas. Dans les années 1980 déjà, notre grand-mère avait coutume de trouver un nouveau-né abandonné dans un couffin[207] devant sa porte. Mais sous couvert de *hram*[208], *îib*[209], les adultes en discutaient en aparté, et rien ne filtrait dans les medias.

Certes, des avancées juridiques récentes permettent désormais à la mère de donner son propre nom et d'établir une filiation officielle entre elle et son enfant, fait exceptionnel dans

---

[204] Santé Sud, *Rapport synthétique du Séminaire maghrébin «Mères célibataires au Maghreb : Quelles évolutions socioculturelles ? Quelles sont les réponses des politiques ? »*, Tunis, 8-9 mars 2016, p. 7
[205] Ministère des Affaires Sociales
[206] Il existe actuellement 14 unités de vie gérées par des associations, et une unité directement rattachée à l'Institut National de Protection de l'Enfance (INPE). Ces établissements prennent en charge les nouveau-nés abandonnés pendant quelques mois, jusqu'à leur adoption ou placement en famille d'accueil. Dans les unités de vie associatives, lorsque les enfants atteignent l'âge de 2 ans sans avoir été adoptés, ils sont transférés à l'INPE. A l'âge de 6 ans, ils quittent l'INPE pour être placés, en général jusqu'à leur majorité, dans l'un de des quatre villages SOS que compte le pays
[207] Au sens de couffin traditionnel tunisien
[208] Interdit par la religion
[209] Inconvenant

le monde arabo-musulman[210]. Toutefois, il n'existe pas encore de reconnaissance sociale et politique claire du statut de mère célibataire. Comme toujours, lorsqu'un phénomène nous emmène aux marges des normes sociales, c'est la société civile qui apparaît comme la solution de la dernière chance. En Tunisie, fort heureusement quelques associations soutiennent les femmes célibataires – dans le jargon associatif, on parle de « cas sociaux », expression qui ne fait d'ailleurs que renforcer leur stigmatisation – et les aide à se reconstruire une vie. Ces associations sont toutefois peu nombreuses, méconnues, sans grands moyens. Sans réel soutien politique, elles ne sauraient faire plus que soulager une mère durant quelques mois, la protégeant notamment de la « *hogra*[211] », le temps de s'installer quelque part avec son enfant.

Le nid doré

Un autre phénomène a fortement marqué l'histoire de la nuptialité en Tunisie, et c'est à ce titre qu'il retiendra davantage notre attention : il s'agit de l'élévation sans précédent de l'âge moyen au premier mariage[212]. Cet indicateur est ainsi passé, pour les femmes, de 19.5 ans aux lendemains de l'indépendance en 1956, à quasiment 30 ans aujourd'hui[213].

Ainsi, tous les indicateurs de nuptialité concourent à montrer que, si l'universalité du mariage féminin n'a jamais été véritablement remise en cause en Tunisie, en revanche le calendrier nuptial a connu une véritable révolution, faisant du pays une curiosité, voire une exception. En Tunisie, quasiment

---

[210] Le Bris (A.), « La maternité interdite : être mère sans être épouse en Tunisie. Entre déni et « normification » », in *Recherches féministes*, volume 22, numéro 2, 2009, p. 40
[211] Mépris
[212] L'AMPM est calculé selon la méthode de Hajnal, qui repose sur l'estimation du nombre moyen d'années que les individus d'une cohorte fictive, qui finissent par se marier, ont passé dans le célibat. La démarche est à peu près la même que celle utilisée pour calculer l'espérance de vie à la naissance. Pour plus de détails sur cette méthode, voir Tabutin (Dominique), Vallin (Jacques), *Source et analyse des données démographiques*, tome II, Paris, Institut National d'Etudes Démographiques, 1977, pp. 16-18
[213] Institut National des Statistiques

toutes les femmes se marient, mais de plus en plus tard – très tard : la Tunisienne se marie aujourd'hui plus tard que l'Américaine, la Britannique (qui se marient à l'âge de 28 ans), ou la Canadienne (27 ans). En fait, la femme tunisienne occupe la tête du classement mondial, en ce qui concerne l'âge au mariage. Les pays où les femmes se marient plus tard que les Tunisiennes sont bien rares aujourd'hui : outre les pays nordiques où il est d'usage que les femmes se marient vers l'âge de 31 ans[214], seules les Irlandaises (32.4 ans), les Italiennes (31.8 ans), les Allemandes (31.5 ans), et dans une moindre mesure les Suisses (30.6 ans), se marient un peu plus tard que leurs consœurs tunisiennes.

Et encore, il faudrait prendre en considération le fait que, contrairement à la Tunisie où le mariage est quasiment la seule forme de mise en couple, les femmes occidentales se mettent en couple bien plus tôt, mais n'officialisent leur situation que plus tard. Assurément donc, la femme tunisienne hésite longuement avant de s'engager dans une union, forcément officielle.

L'autre élément qui retient l'attention ici, c'est que le recul de l'âge au mariage des femmes a également concerné les campagnes : en 1978, les femmes se mariaient en moyenne à 24.5 ans dans les villes, un peu plus tôt en milieu rural, vers l'âge de 23.2 ans[215]. Dès le milieu des années 1990, cet écart entre villes et campagnes s'est estompé : la Tunisienne se mariait alors à 26.7 ans en milieu urbain et à 26.3 ans en milieu rural[216].

L'âge au mariage des femmes tunisiennes a tellement reculé aujourd'hui qu'il est permis d'employer l'expression de « nid doré » pour désigner cet acharnement à rester dans le foyer parental. Au Japon, pays à peu près équivalent à la Tunisie sur ce plan[217], le terme « célibataire parasite » est couramment employé pour définir ces générations de femmes

---

[214] Division de la Population des Nations Unies
[215] Office National de la Population et de la Famille, *Enquête Tunisienne de Fécondité*, Tunis, ONFP, 1978
[216] Office National de la Population et de la Famille, *Enquête Tunisienne sur la Santé de la Mère et de l'Enfant*, Tunis, ONFP, 1998
[217] Comme la Tunisienne, la Japonaise se marie aujourd'hui vers l'âge de 30 ans

prolongeant leur célibat pour profiter de l'hospitalité – qui plus est gratuite – de leurs parents. En France, le phénomène, qui a un caractère davantage masculin, est désigné sous le nom de Tanguy[218], en Italie sous le sobriquet de Bamboccione[219].

Il faut reconnaître que des phénomènes sociaux tels que le « nid doré » ou le « Tanguy » passent plus ou moins inaperçus en Tunisie, car l'enfant reste roi dans la famille, même si il a atteint l'âge adulte. En revanche, dans certaines sociétés occidentales, le nid doré fait l'objet de la désapprobation de la société, et suscite des réactions dans les familles, dans le voisinage, et même au niveau du monde professionnel.

Au Canada notamment, le simple fait d'être entretenu par les parents alors même qu'on est en mesure de subvenir à ses besoins est très mal vu par les recruteurs, au point d'écarter systématiquement les candidates se trouvant dans telle situation. A cet effet, les recruteurs n'hésitent pas à vérifier si la candidate à un poste dispose d'une adresse indépendante – signe rassurant de responsabilité et de dynamisme – ou si elle vit encore en parasite chez ses parents.

Encore une fois, nous n'en sommes pas encore là dans la société tunisienne : il est vrai que les parents tendent aujourd'hui à prendre leurs distances vis-à-vis des grands-parents, remettant en cause la mythique famille maghrébine élargie[220], mais ils semblent avoir bien plus de mal à « couper le cordon » avec leur progéniture, même en ce qui concerne les jeunes femmes déjà adultes.

Mais pourquoi donc la Tunisienne tarde-t-elle tant à se marier ? En réalité, les raisons sont nombreuses, complexes, et agissent en synergie.

Les déterminants du retard du calendrier nuptial féminin

---

[218] En référence au film homonyme d'Etienne Chatiliez sorti en France en 2001, dans lequel le fils, Tanguy, célibataire âgé de 28 ans, vit encore chez ses parents, bien qu'il soit diplômé de Sciences Po et enseignant universitaire, capable de s'assumer
[219] Gros bébé en italien
[220] Nous l'avions démontré dans un précédent ouvrage ; voir Bouhdiba (Sofiane), *Vieillir en Tunisie*, Paris, L'Harmattan, 2017

En Tunisie, l'une des principales raisons du recul du calendrier nuptial est l'augmentation de la durée des études. Avec la vulgarisation des études secondaires et universitaires, de plus en plus de jeunes femmes préfèrent achever leurs études et obtenir leur baccalauréat, une Licence, voire un Master avant de songer à se marier. Dans un deuxième temps, l'obtention d'un diplôme universitaire élargit les perspectives d'avenir, et les jeunes diplômées désirent alors capitaliser les années passées à l'université en trouvant un emploi à la taille de leurs ambitions.

La sociologue américaine Liana Sayer pose même la valorisation du diplôme féminin comme un élément clé dans la négociation du temps alloué aux tâches domestiques : « Women's increased educational attainment and employment levels should also have strengthened their ability to leverage resources into more favorable bargains about the division of labor[221] ».

Une fois le diplôme obtenu, si la recherche d'emploi est infructueuse ou débouche sur une situation de chômage chronique, le mariage devient, alors seulement, une option viable. Dans ces conditions, on peut se demander si une jeune femme primo-demandeuse d'emploi, et qui n'en trouve pas, est une femme au foyer, future mère de famille, ou plutôt une chômeuse.

Si toutefois la jeune diplômée trouve rapidement un emploi – ce qui est plutôt rare – les ambitions changent, et de fil en aiguille la mise en union est repoussée aux calendes grecques : on attend d'obtenir le fameux *tarsim*[222], Contrat à Durée Indéterminée qui permet à sa bénéficiaire de devenir un *mousmar fi hit*[223], première consécration dans une carrière ; on

---

[221] Sayer Liana (C.), « Trends in housework », in *Dividing the domestic. Men, women and household work in cross-national perspective*, Stanford University Press, 2010, p. 23
[222] Officialisation, au sens de fin de période d'essai
[223] « Clou dans un mur », au sens que l'employé ne peut plus être licencié par son employé, sauf cas exceptionnel. Expression très populaire en Tunisie, et notamment dans la fonction publique. Nous avons eu l'occasion de le vérifier

attend ensuite une hypothétique promotion, et ainsi de suite. Ce schéma n'est pas systématiquement lié à des besoins économiques, c'est plutôt une sorte de « volonté d'aller vers l'avant » qui guide les jeunes diplômées.

En effet, même dans les familles aisées, dans lesquelles l'emploi de la jeune femme ne s'inscrit pas véritablement comme une priorité économique, on préfère trouver un emploi avant de songer au mariage. L'entrée sur le marché nuptial n'est donc plus liée à un âge – la nubilité, la majorité, « l'âge de mariage », le passage au statut de « femme »,... – comme c'était le cas autrefois, mais plutôt conditionné par une situation sociale : diplômée, sans emploi,...

Une fois les études achevées, une fois entrée sur le marché de l'emploi, on peut encore comprendre qu'une jeune femme préfère rester vivre avec ses parents dans de bonnes conditions, plutôt que de se lancer dans une aventure à l'issue plus qu'inconnue. La peur de divorcer semble d'ailleurs avoir un effet beaucoup plus inhibiteur que celle de ne jamais se marier.

Même lorsque la décision de se marier est prise, et se traduit par exemple par des fiançailles, le mariage peut être retardé, pour des raisons économiques cette fois. En Tunisie, le mariage coûte très cher, beaucoup de dépenses étant absorbées par les seules festivités. En effet, dans la tradition maghrébine, les frais de mariage représentent une somme très importante, que le jeune marié n'a pas toujours la possibilité d'assumer seul. Le réseau familial est très largement sollicité en ce sens. Par ailleurs, aujourd'hui, le système bancaire intervient également dans le processus, le mariage étant désormais considéré comme un véritable investissement[224].

La crise du logement est également un facteur non négligeable du retard de l'entrée en union. La patrilocalité[225]

---

supra avec l'expression *mousmar jha*, le clou fait partie du vocable populaire tunisien

[224] Le système bancaire tunisien comporte une nouvelle gamme de crédits, désignée sous l'expression « crédit mariage » – en fait une sorte de crédit direct à la consommation – destiné à soutenir financièrement les futurs mariés

[225] Pratique traditionnelle selon laquelle le jeune époux s'installe dans le village de son père. Il s'agit d'une composante majeure du patriarcat

décrite par la sociologue tunisienne Lilia Ben Salem n'est plus de mise aujourd'hui, sauf peut-être dans les campagnes les plus reculées : « Lorsqu'un des fils de la famille se mariait, un espace était aménagé à l'intention de la nouvelle cellule conjugale dans le domaine familial. Une tente était dressée à proximité de celles du père et des frères déjà mariés ; si la maison était en dur une des pièces était réservée au nouveau couple ; rarement, dans les familles les plus riches, il s'agissait d'un ensemble de pièces.

La cohabitation entre les générations était la règle… Seule la mobilité géographique justifiait l'autonomie résidentielle des noyaux conjugaux, celle des ruraux et semi-nomades dépossédés de leur terre qui avaient dû chercher ailleurs du travail, comme *khamès*[226], colporteurs, ouvriers ; ou encore, plus rarement, celle des fonctionnaires qui étaient nommés loin de chez eux, souvent dans la capitale[227] ».

En réalité, le processus de décohabitation avait commencé à Tunis depuis les années 1920, lorsque les cadres ont pris l'habitude de quitter la médina pour s'installer dans les nouveaux quartiers suburbains[228]. Le processus s'est ensuite accéléré après l'indépendance, et aujourd'hui la cohabitation est devenue exceptionnelle, subie plutôt que recherchée, véritable hantise des jeunes mariées.

L'indépendance a toutefois un prix : le seul fait de décider d'habiter loin du foyer parental implique le déboursement d'une caution[229], d'un loyer et l'achat d'un équipement électroménager. Le tout est alourdi par des crédits bancaires et leurs taux d'intérêts. En Tunisie plus qu'ailleurs, on y pense donc à deux fois avant de se marier.

---

[226] De la racine *khms*, cinq ; métayer s'attribuant le cinquième des récoltes
[227] Ben Salem (L.), Locoh (T.), « Les transformations du mariage et de la famille », in *Population et développement en Tunisie. La métamorphose*, Tunis, Cérès, 2001, p. 144
[228] Berque (Jacques), *Le Maghreb entre deux guerres*, Paris, Seuil, 1962, pp. 206-207
[229] Il est d'usage de demander aux locataires d'avancer l'équivalent de deux mois de loyer à titre de garantie, pour réparer les éventuels dégâts et surtout pour régler les factures impayées d'eau, d'électricité ou de téléphone

Par ailleurs, la jeune mariée ne peut plus se permettre aujourd'hui de faire comme ses aînées : elle ne peut plus se contenter de « laver ses pieds et entrer[230] ». Elle se doit de participer, elle aussi, d'une manière ou d'une autre, aux frais du loyer, à l'ameublement, au paiement des factures,…

Un autre élément, purement démographique celui-là, va jouer ici pour retarder davantage l'entrée de la femme sur le marché nuptial tunisien : le « Syndrome d'Elisabeth[231] ». Ainsi, du fait d'une plus grande longévité, la transmission de l'héritage se fait d'une manière de plus en plus tardive, et le patrimoine a alors tendance à se concentrer durablement au sommet de la pyramide des âges.

Autrefois, on héritait du *zitoun*[232] encore jeune, ce qui permettait aux futures épouses, soit de reprendre une activité familiale, soit de revendre une partie du patrimoine alors qu'elles sont encore jeunes adultes. L'héritage tombait le plus souvent à point nommé, et facilitait la poursuite des études supérieures, l'entrée en vie active, le montage d'un projet, le mariage. Aujourd'hui la situation a bien changé : on hérite plus souvent à 60 ans qu'à 40 ans, c'est-à-dire à un âge où on a déjà construit sa vie, et où les enjeux de l'héritage deviennent bien moins importants.

Il est intéressant de noter ici que la nécessité d'accumuler des biens pour accéder à un conjoint est devenue un mécanisme crucial pour l'accès au mariage, même pour les jeunes femmes. Le partage des achats fait désormais l'objet d'une véritable négociation entre les futurs conjoints et leurs

---

[230] Expression très populaire en Tunisie, faisant référence à une situation favorable
[231] Elisabeth II avait été couronnée reine d'Angleterre le 2 juin 1953. Avec déjà 65 années passés sur le trône, elle est le souverain britannique ayant régné le plus longtemps, privant son fils Charles de Galle d'hériter du titre de roi. Du coup, lorsque la reine décèdera, c'est son petit-fils, le prince William de Cambridge, qui héritera probablement du trône, car il est désormais un adulte expérimenté, alors même que le prince Charles est devenu trop vieux pour assurer la succession, dans un royaume-démocratie aussi dynamique que la Grande-Bretagne. Pour plus de détail quant aux répercussions démographiques de ce syndrome sur la population tunisienne, voir Bouhdiba (Sofiane), *Vieillir en Tunisie*, Paris, L'Harmattan, 2017, p. 95
[232] Oliviers, pour désigner un lopin de terre familial

parents : « J'achète la cuisinière, tu te charges des rideaux ». C'est dans ce cadre que l'effet de démonstration, amplifié par la pression des familles, va jouer son plein effet, sous la forme de dépenses parfois inconsidérées lors des quelques festivités qui sont à la charge de l'épouse[233].

La démographe française Thérèse Locoh souligne ainsi que « En imposant des exigences de prestations de la part d'un candidat au mariage, les détenteurs de pouvoir [les parents des futurs mariés] disposent d'un puissant mécanisme de contrôle sur l'accès au marché nuptial[234] ». Ces exigences peuvent même retarder le projet de mariage de quelques mois, voire quelques années.

Virginité et mariage

L'anthropologue algérien Malek Chebel, fin connaisseur de l'islam, décrivait la virginité comme « l'un des mythes les plus rigides de l'histoire sexuelle arabe. La jeune fille tentera par tous les moyens de préserver intact un hymen qui signe rituellement son entrée dans le monde de la socialité sexuelle et qui lui ouvre les portes du mariage[235] ». De fait, le mythe de la virginité de la fiancée reste fort en Islam, même dans un pays émancipé comme la Tunisie. Dans les campagnes, toute la famille se mobilise d'ailleurs pour contribuer à préserver cette virginité jusqu'à la « réception » de la jeune femme par le mari : le père, la mère, mais également les frères, les oncles, les tantes. Cela donne parfois lieu à des drames familiaux, les crimes d'honneur. Cette mobilisation est moins forte en milieu urbain, plus discrète aussi.

---

[233] Les frais de célébration du mariage, très coûteux, sont traditionnellement à la charge du jeune époux, mais d'autres fêtes plus intimes sont financées par la famille de la jeune mariée, comme par exemple la *henna*, bruyante cérémonie de pose du henné sur les mains de la future épouse
[234] Locoh (T.), « Les facteurs de la formation des couples », in *Démographie : analyse et synthèse tome II. Les déterminants de la fécondité*, Paris, Institut National d'Etudes Démographiques, 2002, p. 123
[235] Chebel (Malek), *L'imaginaire arabo-musulman*, Paris, Presses Universitaires de France, 1993

La pratique ancestrale du « mouchoir rouge » montre d'ailleurs à quel point il était important pour une jeune mariée d'être vierge lors de sa nuit de noces. Autrefois, au beau milieu de la fête, les deux époux s'enfermaient à l'abri des regards pour avoir leurs premières relations sexuelles. Lorsque le jeune époux réapparaissait au milieu des convives, le silence se faisait brusquement, et tout le monde l'observait. Si il tendait un mouchoir taché du sang de l'hymen rompu de son épouse, la fête continuait à battre son plein ; dans le cas contraire, la *hchouma*[236] et l'opprobre s'abattaient sur les deux familles. Dans des temps plus anciens, cela pouvait même donner lieu à d'interminables guerres tribales.

Certes, la pratique a aujourd'hui disparu[237], pas le symbole : le mouchoir maculé de sang cristallise encore la hantise de la virginité dans les sociétés arabo-musulmanes. Toute pratique appelant une contre-pratique, les jeunes femmes promises à un mariage ont parfois recours à la *khyâta*[238], opération chirurgicale relativement simple, consistant à recoudre l'hymen déchiré.

Deux types d'opérations chirurgicales sont ainsi couramment pratiqués par les gynécologues tunisiens. La première, l'hyménorraphie, consiste à reconstituer temporairement l'hymen, pour une période allant de 3 à 7 jours. Les résultats étant de courte durée, l'opération se pratique la veille ou l'avant-veille des noces, bousculant ainsi les rituels du *hammam* et de la *hajjema*[239]. L'hyménoplastie quant à elle, est une reconstitution définitive de l'hymen. L'opération consiste à reproduire l'hymen en reformant une fine membrane à l'entrée du vagin, au moyen d'une suture[240].

---

[236] Honte
[237] Elle se pratiquerait encore parfois, d'une manière plus discrète, dans les campagnes
[238] Couture
[239] Coiffeuse. Après le *hammam*, la jeune femme se rend chez sa coiffeuse, accompagnée de ses parentes et amies. Le tout dans une ambiance bruyante (*youyous*) et odorante (*bkhour*, encens)
[240] Si il n'y plus de reliquats d'hymen, le gynécologue récupère un morceau de paroi vaginale pour créer un équivalent d'hymen à l'entrée du vagin

L'opération coûte relativement cher au regard du pouvoir d'achat tunisien, entre 500 Dinars Tunisiens (DT) pour une hyménorraphie et 1000 DT pour une hyménoplastie[241]. Inutile de préciser que l'opération, bien que n'ayant rien de clandestin, n'est pas remboursée par la Caisse Nationale d'Assurance Maladie[242] (CNAM).

Notons par ailleurs que quelques agences de voyages avisées, collaborant avec des cliniques, se sont spécialisées dans l'organisation de voyages comprenant le déplacement, la prise en charge administrative, l'opération (hyménorraphie ou hyménoplastie) et la convalescence, le tout dans une discrétion absolue[243]. Il semblerait qu'il existe une clientèle internationale solvable, fortement attirée par ce service, qui coûte d'ailleurs beaucoup moins cher que dans les cliniques européennes ou américaines[244].

L'hymen n'est pourtant qu'une preuve fragile de la virginité, puisque certaines femmes naissent sans hymen, d'autres peuvent le perdre en pratiquant une activité « innocente », telle que la gymnastique ou l'équitation. Par ailleurs, peu d'hommes le savent, l'hymen est une membrane très peu vascularisée, et sa rupture n'entraîne pas une perte de sang systématique.

Des gynécologues habitués à pratiquer l'hyménoplastie nous ont également confirmé que les tissus recousus ne sont pas toujours suffisamment vascularisés, et de ce fait la perte de sang, pourtant fondamentale pour la patiente, n'est pas systématiquement assurée lors du premier rapport sexuel nuptial. Elle survient par la suite, quand il est trop tard pour rassurer le mari et sa famille.

Pour assurer le saignement salvateur au moment opportun, il est connu dans la communauté des « gynécologues-

---

[241] 150€ à 300€
[242] Aujourd'hui en état de quasi faillite
[243] De ce point de vue, la Tunisie a engrangé une longue expérience en matière de tourisme médical. Pour plus de détail, voir Bouhdiba (S.), « Cosmetic Surgery in Arab Muslim Society: History and Representation", in *Actes du colloque Health Related Issues and Islamic Normativity*, Université de Hambourg, 2014
[244] Le coût d'une hyménoplastie peut dépasser 4000 US$ aux Etats-Unis

recouseurs », qu'il faut quasiment refermer l'orifice du vagin de l'infortunée patiente. La pratique est certes violente, archaïque et dégradante, mais il faut reconnaître qu'elle offre une seconde chance à des jeunes femmes qui autrement entreraient dans un cercle vicieux menant à une irrémédiable exclusion sociale.

Le sujet reste d'ailleurs tabou en Tunisie. En 2010 – mais rien n'a véritablement changé depuis – le film du réalisateur belgo-tunisien Jamel Mokni, au titre suggestif « Hymen national : malaise dans l'islam », centré sur la sacralité de la virginité et la pratique plus ou moins clandestine de l'hyménoplastie en Tunisie, n'avait pas été retenu dans la sélection du Festival de Carthage, et avait même été censuré. Pire, le réalisateur avait fait l'objet de deux gardes à vue pendant le tournage.

Des réticences à la projection du film avaient également été manifestées en Belgique et en France, ce qui montre que le tabou franchit les frontières nationales. L'ethnologue française Germaine Tillion précise à ce propos que « Les sociétés arabes ne sont pas les seules à avoir accordé à la virginité de la femme une importance capitale : le fait est souligné dans toutes les régions méditerranéennes où l'honneur de la famille tient à une légère membrane[245] ».

Au-delà des pratiques médicales, le magico-religieux est parfois sollicité, et pas seulement dans les campagnes. Plus puissant qu'une ceinture de chasteté, le *tasfih*[246] protègerait ainsi les jeunes filles tunisiennes d'un contact sexuel, leur assurant la virginité prénuptiale[247], véritable sésame au mariage,

---

[245] Tillion (Germaine), *Le harem et les cousins*, Paris, Seuil, 1966, pp. 113-114
[246] Ferrure, action de ferrer un cheval en garnissant ses sabots de fers protecteurs
[247] Pour des détails quant à la pratique, voir Ben Dridi (I.), « Est-ce que ça marche ? À propos du *tasfih,* rituel protecteur de la virginité des jeunes filles tunisiennes », in *Dossier de recherche : Sexe et sexualités au Maghreb : essais d'ethnographies contemporaines*, 2010, pp. 99-122 ; voir également Ben Miled (E.), « La coutume du *tasfih* employée en milieu rural pour protéger la virginité des filles », in *Actes du colloque Famille-enfant-environnement*, octobre 1985

appuyé par la formule si suggestive « *Ana hit, weld ennas khit*[248] ».

Recul de l'âge au mariage et chute de la fécondité

Le démographe américain John Bongaarts[249] avait identifié la nuptialité comme l'une des quatre variables majeures dans la détermination de la fécondité d'une population[250]. Dans les pays musulmans comme la Tunisie, l'âge au mariage est un déterminant particulièrement important, puisque le mariage y est considéré comme une condition *sine qua non* d'entrée dans un cycle de procréation. De ce fait, le retard du calendrier nuptial a largement contribué à réduire la fécondité. Le rôle du recul du mariage dans la baisse de la fécondité a fait l'objet de nombreuses études[251], certaines lui attribuant même jusqu'à 26 % du phénomène[252]. La mécanique est simple : en se mariant plus tard, la femme va réduire la durée de sa vie reproductive, naturellement limitée par la date butoir de la ménopause, fixée par les démographes à 50 ans[253].

Par ailleurs, la reproduction en Tunisie est aujourd'hui fortement médicalisée, et les futures mères ont l'habitude de consulter quasi systématiquement – mis à part dans quelques poches de pauvreté en milieu rural – un professionnel de la

---

[248] « Je suis un mur, et le fils d'autrui est un fil »
[249] Bongaarts (J.), "A framework for analysing the proximate determinants of fertility", in *Population and Development Review* vol. 4, n°1, pp. 105-132, 1978
[250] Les trois autres étant la contraception, l'avortement et l'infécondité postpartum (essentiellement l'infertilité temporaire consécutive à l'allaitement)
[251] Lapham (R.), "Family planning and fertility in Tunisia", in *Demography* vol. 7 n° 2, pp. 241-252 ; Tabutin (D.), "Nuptiality and fertility in the Maghreb", in *Nuptiality and fertility-Proceedings of a seminar held in Bruges*, 8-11 Janvier 1979, Ordina, 1982
[252] Adlakha (A.), Ayad (M.), Sushil (K.), "The role of nuptiality in fertility decline : a comparative analysis", in *Demographic and health surveys world conference*, 5-7 August 1991, Columbia, pp. 785-1545
[253] En démographie, on considère que les Femmes en Age de Reproduction (FAR) sont âgées de 15 à 49 ans, la célébration du cinquantième anniversaire sonnant le glas de la vie génésique

santé, gynécologue, *qabla*[254], infirmier,... Ces derniers ne manqueront pas de rappeler aux femmes que, au-delà de 35 ans une grossesse devient risquée.

Enfin, la fertilité d'un couple baisse sous l'action conjuguée de trois facteurs : l'âge de la femme, l'âge de l'homme et la durée de l'union. Les démographes américains Géraldine Mineau et James Trussell ont ainsi construit un très intéressant modèle montrant les interactions de ces facteurs[255] :
TFM = B x F x H x M
    avec : TFM : le Taux de Fécondité Maritale par âge
    B : un paramètre de niveau de fécondité
    F : le coefficient de l'effet de l'âge de la femme
    H : le coefficient de l'effet de l'âge de l'homme
    M : le coefficient de la durée de l'union

Nous avons souvent eu l'occasion d'apprécier l'efficience de ce modèle, pour l'avoir appliqué aux populations rurales du Maghreb et d'Afrique de l'Ouest, les paramètres étant synthétisés dans le tableau suivant :

Estimation des paramètres du modèle de Mineau/Russell, 1982

Age de la femme (F)		Age de l'homme (H)		Durée de l'union (M)	
15-19	0.965	15-19	0.905	0-4	1
20-24	1	20-24	1	5-9	0.89
25-29	1.034	25-29	0.985	10-14	0.81
30-34	0.989	30-34	1.035	15-19	0.793
35-39	0.897	35-39	0.974		
40-44	0.622	40-44	0.832		
45-49	0.144	45-49	0.82		
		50-54	0.73		
		55-59	0.482		

(Source : Mineau (G.), Trussell (J.), « A specification of marital fertility by parent's age, age at marriage and marital duration », in *Demography*, août 1982, 19 (3), pp. 335-350 ; coefficients estimés sur une population de Mormons nés entre 1840 et 1859)

---

[254] Sage-femme
[255] Mineau (G.), Trussell (J.), « A specification of marital fertility by parent's age, age at marriage and marital duration », in *Demography*, août 1982, 19 (3), pp. 335-350

On le voit bien dans le tableau, le coefficient de l'effet de l'âge de la femme devient significatif à partir de 35 ans[256]. Pour les hommes, l'effet est plus tardif, puisque ce n'est qu'à partir de 40 ans que l'âge commence à réduire la probabilité du couple d'avoir des enfants. L'âge de 35 ans apparaît ainsi comme un butoir pour la fécondité de la femme, l'homme disposant encore d'un répit de cinq années supplémentaires.

Autrement dit, avec le recul de l'âge au mariage, une Tunisienne mariée à l'âge de 30 ans ne dispose plus que de quelques années, quatre ou cinq tout au plus, pour donner naissance aux enfants désirés. La fécondité va donc diminuer d'une manière mécanique.

Du fait du recul de l'âge au mariage, de nombreux évènements importants dans la vie d'une femme vont se concentrer dans la seule tranche d'âge 35-45 ans, période que la sociologue tunisienne Dorra Mahfoudh Draoui désigne sous l'expression « âge sous pression[257] ». En effet, si le mariage se produit vers l'âge de trente ans, entre 35 et 45 ans la femme devra prendre en charge la primo-éducation de ses enfants, en même temps qu'elle devra assurer sa carrière professionnelle.

Ajouté à l'émancipation des mœurs et la mixité sur les lieux d'études et de travail, le recul de l'âge au mariage des Tunisiennes a favorisé de nouveaux comportements sociaux, et notamment en matière de sexualité. Ainsi, les jeunes femmes urbaines célibataires se retrouvent de plus en plus libérées des contraintes qui pesaient autrefois sur elles.

De ce fait, la sexualité est libérée, chacune pouvant engager des relations plus ou moins durables avec le partenaire de son choix. Par ailleurs, bien qu'interdit et condamné par la religion musulmane, le concubinage commence à être toléré et à se développer dans certaines sphères sociales.

---

[256] Par significatif, entendons suffisamment proche de 0 : comme pour le modèle de Bongaarts, plus le coefficient est proche de l'unité, et moins il aura d'effet sur la fécondité

[257] Mahfoudh Draoui (Dorra), *Les femmes tunisiennes dans le travail et le mouvement syndical*, Tunis, Friedrich Ebert Stiftung, 2017, p. 36

Le choix de l'époux

Dans la Tunisie d'antan, les mariages étaient savamment arrangés par les familles. Aujourd'hui il existe des sites Internet de rencontres. Que s'est-il donc passé en un demi-siècle ? De nombreuses enquêtes longitudinales conduites en Tunisie montrent que les femmes sont désormais libres de choisir librement leur conjoint, même en milieu rural. En 1996 déjà, le sociologue Wane Birane avait ainsi montré, au travers d'une étude conduite sur trois générations, que même au fin fond du Nefzaoua[258], les maris n'étaient plus imposés aux femmes : dans la première génération, mariée sous le Protectorat dans les années 1940-1945, 98% des mariages avaient été arrangés ; dans la génération mariée au lendemain de l'indépendance, c'est à dire dans les années 1960-1970, c'est encore 78% des enquêtés qui ont déclaré n'avoir pas choisi leurs conjoints.

Toute autre est la situation pour la dernière génération ciblée dans l'étude, mariée dans les années 1985-1995, et dans laquelle 90% des personnes interrogées ont déclaré avoir librement choisi leur conjoint. Wane précise également que, pour la première génération, le choix n'était libre ni pour les garçons ni pour les filles ; dans la deuxième, le choix s'était avéré libre pour les hommes, mais jamais pour les jeunes femmes. En ce qui concerne la dernière génération, le choix du conjoint était libre également pour les filles[259].

Même si des changements notables ont été progressivement introduits, le mariage en Tunisie suit une procédure immuable depuis plusieurs générations, même si la jeune femme choisit désormais librement son époux : avant le mariage, la fréquentation entre les deux candidats au mariage doit avoir l'approbation des deux parents, voire d'un seul. Les parents tolèrent donc une certaine intimité avec un partenaire

---

[258] Région saharienne à dominante rurale, située au sud-ouest de la Tunisie, délimitée par le Chott el Jérid à l'ouest, le Grand Erg oriental au sud et le plateau du Dahar à l'est
[259] Birane (Wane), *Evolution de la famille et du choix du conjoint en zone rurale (le Sud tunisien : le Nefzaoua)*, Thèse de Doctorat, Tunis, Université de Tunis, 1996

présélectionné pour leur enfant. Si les résultats de cette première sélection sont satisfaisants, un accord préliminaire est alors conclu entre les deux familles, ce qui pourrait alors aboutir à une *khotba*, fiançailles officielles.

On commence alors à songer sérieusement aux préparatifs du mariage, tandis que les fiancés sont autorisés à se rencontrer publiquement pour tester leur degré d'acceptation mutuelle. La période de fiançailles est ponctuée de rites, tels que l'offre de cadeaux à l'occasion des *moussem*[260], des visites officielles entre les familles,...

Aujourd'hui, les futurs époux parviennent le plus souvent à se dérober à la surveillance familiale afin d'avoir des échanges plus intimes que ceux tolérés par la société, les rapports sexuels étant une ligne rouge à ne pas franchir – ce qui ne l'empêche pas d'être souvent franchie.

---

[260] Fêtes religieuses : *Aid el kébir, Mouled*, ...

Chapitre VIII
LA DIVORTIALITE

En Tunisie, contrairement aux autres phénomènes démographiques, le divorce occupe une place curieusement marginale dans la recherche en sciences humaines et sociales. Nos étudiants évitent ce sujet lorsqu'il s'agit d'élaborer une thèse, comme si il était maudit. Il n'y a quasiment pas de statistiques ni de publications sur le sujet, si ce n'est quelques chiffres émanant du ministère de la Justice.

On n'en sait pas plus au niveau des représentations du phénomène, ni au niveau des comportements. Les quelques sociologues[261] ayant sérieusement abordé la question confirment une mauvaise perception du divorce dans la société tunisienne.

On sait également que, comme ailleurs, le divorce est un « nouveau départ dans la vie ». Essayons d'en savoir plus, en adoptant une démarche propre à la démographie, et en examinant le phénomène « côté femmes ».

Un peu d'histoire

Les statistiques de l'époque coloniale[262] indiquent que les ruptures étaient fréquentes en Tunisie, même dans le *bled*[263]. M. Ayad et Mohamed Baraket rapportent, par exemple, que « Le tribunal de première instance de Gabès montre parfaitement à quel point le phénomène du divorce était répandu avant la loi de 1956. Ainsi, selon le juge les séparations représentaient 34.8% des mariages, de 1947 à 1956 soit une rupture pour trois mariages[264] ».

---

[261] Pour plus de détail, nous recommandons l'excellente thèse de Doctorat de Imen Kochbati, *La vie conjugale des femmes cadres tunisiennes*, Faculté de Paris1, 2007
[262] La Tunisie a été un protectorat français de 1881 à 1956
[263] Régions intérieures du pays
[264] Ayad M., Baraket (M.), « Le divorce en Tunisie », in *Actes du 3ème colloque de démographie maghrébine*, Tunis, 24-28 avril 1978

Ce chiffre est à peu près équivalent à celui de l'Egypte des années 1939-1942, société dans laquelle 35% des mariages finissaient par une répudiation[265]. A la même époque, le rapport entre divorces et mariages était de seulement 6% en Belgique, 9% en France, mais 22% aux Etats-Unis[266].

Peu de temps après l'indépendance, le divorce a été institué par le Code du Statut Personnel[267], texte avant-gardiste qui a mis fin à la pratique de la répudiation, c'est-à-dire la rupture unilatérale du contrat de mariage par l'époux.

La répudiation, unilatérale par essence, ouvrait la porte à tous les abus, et permettait jusqu'à la fin des années 1960, la pratique de ce que le sociologue tunisien Abdelwaheb Bouhdiba désignait sous l'expression de « Don-juanisme arabe » : « La facilité avec laquelle le mariage islamique se contracte et se dissout, même si le divorce est le licite le plus haïssable à Dieu, a créé un véritable système fondé sur la rotation des femmes et partant des hommes...

En fait le système de mariage islamique s'est trop souvent dégradé en un Don-juanisme à peine déguisé. Le prophète avait beau condamner les goûteurs et les goûteuses en amour, l'Arabe est et reste un Don Juan qui a trouvé dans le *fiqh*[268] le meilleur allié. On a pu noter qu'il existe un peu partout dans le monde méditerranéen un grand nombre d'hommes qui en l'espace de quelques années épousent vingt ou trente femmes[269] ».

Notons ici que le « Don-juanisme » évoqué par Abdelwahab Bouhdiba est réapparu, paradoxalement validé, voire même encouragé par certaines femmes, sous la forme

---

[265] Bormans (M.), « Codes de statut personnel et évolution sociale en certains pays musulmans », in *Institut des Belles Lettres Arabes*, n°103 (3), IBLA, 1963, p. 226
[266] Rjeb (S.), « Le divorce d'après le vécu des femmes tunisiennes cadres », in *Revue Tunisienne de Sciences Sociales* n° 84/87, Centre d'Etudes et de Recherches Economiques et Sociales, 1986, p. 278
[267] République Tunisienne, *Code du Statut Personnel*, Journal Officiel de la République Tunisienne, articles 29-33
[268] Jurisprudence islamique
[269] Bouhdiba (A.), « L'enfant et la mère dans la société arabo-musulmane », in *Culture et société,* Publications de l'Université de Tunis, 1978, p. 84

insidieuse du « *zawaj el motaa*[270] », peu de temps après l'avènement de la Révolution du Jasmin.

La divortialité aujourd'hui

En Tunisie, les tribunaux ont prononcé pas moins de 14982 divorces tout au long de l'année judiciaire 2014-2015[271], soit une moyenne effarante de 41 cas par jour. Le Code du Statut Personnel prévoit trois types de procédures de divorce : par consentement mutuel des époux, à la demande de l'un des conjoints, ou suite à un préjudice subi[272]. Toutefois, la majorité des cas de divorces conclus se font à la demande de l'un des conjoints (7256 cas) ou par consentement mutuel des époux (6241 cas), bien plus rarement pour préjudice subi (1485 cas).

Sur ces 14982 divorces prononcés en 2014-2015, 5817 soit 38.8% des cas ont été initiés par les épouses, et 9166 par les maris. Si on examine plus en détail les seuls divorces pour préjudice, on constate que 637 affaires ont été initiées par les épouses, ce qui représente 42.9% des cas. Concernant les divorces sollicités unilatéralement, 2615 ont été demandés par les épouses, soit 36% des cas. Grosso modo, il semblerait ainsi que le divorce soit davantage le fait du mari.

Il ne suffit pas d'observer les chiffres bruts, il faudrait les comparer par rapport à l'ensemble de la population, ou du moins celle âgée de 15 ans et plus, c'est-à-dire éligible au mariage[273]. En 2014, 1.8% des Tunisiennes âgées de plus de 15

---

[270] Mariage de jouissance, pratique préislamique, toujours reconnue par les chiites, permettant à un homme d'épouser une femme, temporairement et uniquement pour avoir des relations sexuelles. Ces dernières sont forcément socialement acceptées, étant dans un cadre nuptial. Cela évitait ainsi de tomber dans la fornication…
[271] L'année judiciaire tunisienne commence en novembre, il existe donc un décalage d'un mois avec l'année civile. Cela ne pose pas de problème particulier, puisque dans tous les cas les statistiques de mariages et de divorces portent sur une année calendaire complète
[272] République Tunisienne, *Code du Statut Personnel*, Journal Officiel de la République Tunisienne, article 31
[273] En démographie, on considère qu'un individu peut se marier à partir de 15 ans. En Tunisie, la loi n°32 du 14 mai 2007 a porté l'âge légal au mariage à 18

ans sont divorcées, cette part étant de seulement 0.7% chez les hommes[274]. Cela ne signifie pas que les femmes divorcent deux fois plus que les hommes – car une rupture d'union implique forcément deux divorces et sera comptabilisée dans l'un et l'autre sexe – mais plutôt que les hommes échappent plus facilement à leur condition de célibataire en se remariant rapidement, tandis que les femmes divorcées ne se remarient plus.

Par ailleurs, on constate, toujours pour l'année censitaire 2014, que la divortialité semble s'inscrire comme un phénomène urbain : 2.2% des femmes âgées de plus de 15 ans sont divorcées en milieu urbain, contre seulement 1% dans les campagnes. Certains auteurs agitent le spectre de l'anomie sociale caractéristique des grandes villes, et accordent trop de crédit à l'hypothèse que les couples ruraux seraient plus solides, car plus ancrés aux traditions, aux valeurs familiales, aux préceptes religieux,...

Nous avançons plutôt l'explication, moins naïve, que la diabolisation de la femme divorcée est bien plus intense dans les familles rurales. De ce fait, les femmes préfèrent vivre discrètement une vie en couple malheureuse, plutôt que de divorcer et risquer de s'attarder dans le statut peu enviable de *mtalqa*[275].

Il peut être intéressant de comparer les divorces par rapport au nombre de mariages contractés. En 2015 par exemple, il y a eu 108453 mariages, alors même que les tribunaux de première instance ont validé 14982 divorces. Cela signifierait que 13.8% des unions finissent par rompre, ce qui reste somme toute acceptable.

Il faut toutefois considérer ce chiffre avec prudence, car la grande majorité des divorces prononcés en 2015 concernent en réalité un cumul de mariages contractés des années, voire des

---

ans pour les hommes et les femmes ; en-deçà de cet âge, le mariage peut être contracté en vertu d'une autorisation spéciale du juge, « pour des motifs graves et dans l'intérêt bien compris des deux futurs époux », entendu les cas de jeunes filles tombées enceintes

[274] Institut National des Statistiques, *Recensement Général de la Population et de l'Habitat 2014*, Tunis, INS, 2015
[275] Divorcée

décennies auparavant. La réalité va ainsi à l'encontre du dicton populaire tunisien « En été, à la salle des fêtes, en hiver, au palais de justice », allusion faite aux couples qui se marient l'été pour divorcer en hiver de la même année. Affirmer que 14% des mariages aboutissent à un échec est donc un constat qui porte sur des générations bien plus anciennes. En d'autres termes, si on veut porter un jugement sur les mariages contractés aujourd'hui, il faudra attendre de connaître le nombre des divorces de la prochaine décennie.

Toujours est-il que les couples tunisiens divorcent plus souvent que ceux français, par exemple (10% des mariages finissent par un divorce en France). Les chiffres de la Tunisie sont plus proches de ceux du Maroc (15% des mariages aboutissent à un échec) ou l'Algérie (16%). Deux raisons à cela : d'abord, la Tunisie est culturellement plus proche que ses voisins.

L'autre raison est que la société française dispose de garde-fous, qui sont des alternatives au mariage : vivre ensemble pendant quelques années avant de se fiancer puis de se marier est une pratique courante en France ; le couple qui se constitue alors, ayant résisté à deux périodes de test conjugal, est nécessairement plus solide. Les couples tunisiens eux, se forment après une trop courte période de *khotba*[276]. Si cette pratique rassure les familles et préserve leur honneur, réduisant notamment les relations sexuelles hors mariage – non reconnues par les normes sociales tunisiennes – en revanche elle réduit la « période d'essai » du couple et gonfle les chiffres de divorce.

Notons pour finir une particularité que nous avons notée chez quelques femmes divorcées en Tunisie. On observe de plus en plus un « effet boomerang » chez les Tunisiennes qui commencent par quitter leurs parents pour se marier en grande pompe, puis reviennent discrètement au bout de quelques années au domicile parental, à la suite d'un divorce[277]. L'aller-retour peut même avoir lieu à deux, exceptionnellement à trois reprises.

---

[276] Fiançailles officielles
[277] A l'instar du boomerang qui revient systématiquement à son point de départ

Le phénomène est encouragé par le fait que la maison paternelle reste toujours ouverte à la fille – ne l'oublions pas, l'enfant, même adulte, reste roi dans la famille tunisienne – et sa progéniture, mais également par le fait qu'une femme divorcée a besoin de se réfugier, loin du regard de la société. Dans les pays occidentaux, on utilise même l'expression « Boomerang Generation » pour désigner les nombreuses femmes ayant adopté un tel parcours de va-et-vient entre leurs familles et leur époux. Nous n'en sommes pas encore là en Tunisie, mais tout porterait à croire qu'une telle génération de divorcées pourrait se former en masse dans les années à venir.

Les déterminants du divorce féminin

« Les Tunisiennes divorcent parce qu'elles veulent travailler ! ». C'est à peu près ce qui ressort de l'ensemble des travaux de terrain qualitatifs que nous avons conduit au cours des dix dernières années, et notamment au travers d'entretiens et focus groups conduits auprès de panels composés d'hommes de tous âges.

De fait, trop souvent, la femme tunisienne qui exerce un emploi a été stigmatisée, accusée de sacrifier sa vie de famille pour une carrière inutile, qui de surcroît aggraverait le chômage des hommes. Rien n'est moins sûr pourtant, car cela supposerait que les demandeurs d'emplois hommes et femmes seraient concurrents sur un marché du travail pur et parfait[278], ce qui n'est guère le cas de l'économie tunisienne.

En 1981, c'est-à-dire peu de temps après l'arrivée en masse des femmes sur le marché du travail, le démographe tunisien Sadok Sahli écrivait ainsi, non sans rancœur, ce que devait certainement penser une majorité d'hommes : « Sans préconiser le retour à la ligne séculaire que souhaitent les sages conventionnels, il faudrait se rendre à l'évidence que le travail de la mère hors du foyer est un facteur de déstabilisation, non

---

[278] Pour plus de détails, voir Guesnerie R., *L'économie de marché*, Flammarion, Paris, 1996

seulement de la famille mais de l'institution de l'emploi, en l'absence de paramètres équilibrants... L'ambiance familiale dont sont carencés les conjoints accueillis par les cantines, restaurants et gargotes de midi, ne sauraient remplacer les vrais parents, la table servie au paternel foyer et encore moins le domicile conjugal[279] ».

Il nous est difficile d'adhérer à une telle logique sexiste. Il nous semble au contraire, que l'emploi féminin exerce un effet stabilisateur, voire même pacificateur, sur le couple. Il est vrai que l'activité simultanée des deux conjoints pose de sérieux problèmes de logistique domestique, ce qui crée certainement des tensions au sein du couple. Il faut toutefois reconnaître que l'activité féminine est une soupape de sécurité, permettant à l'épouse de « changer d'air », d'avoir des contacts extra-familiaux, de construire des réseaux. L'emploi féminin permet également de rééquilibrer un tant soit peu la domination économique du mari.

Tout cela devrait créer les conditions favorables au maintien du couple, bon gré mal gré. La présence d'enfants au sein du couple semblerait également constituer un frein au divorce. Le proverbe africain « Bats ta femme après l'avoir ligotée[280] » s'adapte ainsi tout à fait à la société tunisienne.

Au-delà de ce faux problème de l'emploi féminin, il n'existe pas de statistiques fiables des causes du divorce en Tunisie. Une enquête auprès d'un panel d'avocats spécialisés dans les affaires de divorces nous a toutefois permis d'identifier quatre causes majeures de ruptures d'unions.

Il y a d'abord les mystérieux « problèmes sociaux », qui seraient à l'origine de 48% des divorces en Tunisie. Il est vrai que ce titre, couramment employé par les juristes, est vague. Il couvre pêle-mêle les incompatibilités d'humeur, les déceptions, le manque de respect, l'irresponsabilité, l'incapacité à assumer le rôle de parent,...

---

[279] Sahli (S.), « Le couple entre l'union et la rupture », in *Revue Tunisienne des Sciences Sociales* n°66, Centre d'Etudes et de Recherches Economiques et Sociales, 1981
[280] Comprendre : lorsque l'épouse a des enfants, elle ne pourra plus quitter le foyer, car elle sera trop attachée à sa progéniture

Plus concrètement, les « problèmes sociaux » sont l'aboutissement d'un « ras-le-bol », lui-même fruit d'un manque de compréhension de part et d'autre, et surtout de la montée de l'individualisme et de son corollaire, l'absence d'empathie et d'esprit de sacrifice chez les nouvelles générations de couples. Les « problèmes sociaux » qui détruisent les couples sont largement portés par les familles. Au cours de nos travaux d'encadrement d'étudiants sur le terrain, nous avons souvent été témoins de cas où les décisions de divorce étaient négociées et prises, non pas par les intéressés eux-mêmes, mais bien par leurs parents.

Quels que soient le milieu, la région ou la catégorie sociale, un personnage clé semble être le maître incontesté du jeu nuptial, allant jusqu'à décider du divorce et de ses modalités : la terrible *hmet*[281], toute-puissante mère du mari, et bien souvent cauchemar de l'épouse. Cette figure va d'ailleurs largement alimenter le folklore tunisien, tant dans les chansons populaires que dans les contes pour enfants, ou plus récemment dans les feuilletons télévisés. Nous y reviendrons.

La deuxième cause de divorce en Tunisie est constituée par les problèmes d'incapacité physique, dont l'infertilité ou le handicap. Loin derrière les « problèmes sociaux », elle explique environ 23% des divorces. Suivent les problèmes d'adultère et de jalousie, qui sont à l'origine de 16% des divorces.

Etonnement, seuls 13% des cas de rupture sont dus à des problèmes matériels. La précarité, la pauvreté, voire la misère sembleraient souder les couples. Peut-être aussi le fatalisme propre à la culture maghrébine, avec toujours en filigrane cet espoir de lendemains meilleurs. Nous n'avons pas eu l'occasion de le vérifier à grande échelle, mais il semblerait que les divorces se déclarent après une période variant de deux à sept années d'union. En effet, les deux premières années, ma foi on ne se connait pas encore, les défauts de l'un et de l'autre n'ont pas encore eu le temps de se révéler. Ensuite, si au bout de sept années le mariage tient encore, c'est que la « période rouge » est passée, chacun a eu le temps de connaître l'autre, de s'adapter, d'accepter les défauts, parfois de les corriger.

---

[281] Belle-mère, au sens de mère de l'époux

Par ailleurs, cela correspond à peu près au cycle de Shaganov, selon lequel les couples qui se forment connaissent une période de récession économique de sept années en moyenne, après leur sortie du nid familial. En effet, au bout de sept années de vie commune, les carrières démarrent, un héritage arrive à point nommé, les crédits sont remboursés, la situation économique s'améliore, on peut envisager des lendemains meilleurs. A deux.

Que retenir de ce classement des causes de divorce ? D'abord, que la moitié des ruptures d'union, causées par les « problèmes sociaux », sont dus à une impréparation à la vie de couple, et à l'absence d'un succédané au mariage. Contrairement aux femmes occidentales, qui ont la possibilité de vivre quelques années en concubinage ou en sous un régime de Pacs[282], les Tunisiennes n'ont pas les moyens de vérifier les véritables intentions de leurs époux, ni d'avoir un avant-goût de la vie de couple. Les quelques mois de fiançailles, au cours desquels la future épouse vit encore surprotégée dans sa famille, ne permettent guère d'anticiper ce que sera la vie à deux.

Les conséquences du divorce

Selon un *hadith* rapporté par Abou Daoud[283], « La chose permise la plus détestée de Dieu est le divorce ». De fait, les répercussions de la rupture sur la famille, les enfants en premier lieu, sont néfastes. En particulier, il semblerait que les résultats scolaires des enfants soient influencés par le divorce et le fait de se retrouver à vivre exclusivement avec un seul parent. Faut-il y voir les effets d'un moindre contrôle scolaire exercé par les parents[284] ? Faut-il plutôt incriminer la persistance des

---

[282] Le Pacte civil de solidarité est un contrat organisant la vie commune de deux personnes majeures, de même sexe ou de sexe différent, et vivant sous le même toit. Fiscalement, il permet à deux concubins de figurer sur la même déclaration d'impôt. En France, le Pacs constitue, avec le mariage civil, une des deux formes d'union civile
[283] Abou Daoud Soulaymn ibn al Ashath ibn Béchir al Azadi al Sijistani (817-888), est l'auteur du *Sunan Abi Daoud*, une des six collections canoniques de hadiths identifiées par les musulmans sunnites
[284] Il est certainement plus difficile pour une mère de suivre la scolarité d'un ou plusieurs enfants lorsqu'elle est seule

conflits familiaux après la séparation ? Les malaises inhérents aux familles recomposées ? Ou encore la réduction des ressources économiques dans les familles les plus vulnérables ?

Par ailleurs, on peut se demander si le divorce est véritablement la cause des difficultés scolaires de l'enfant, ou si ce sont plutôt les circonstances antérieures au divorce qui sont elles-mêmes à l'origine de ces difficultés. Le même constat avait d'ailleurs été fait par le démographe français Paul Archambault dans la société française : « Le divorce ne serait alors qu'un révélateur d'un environnement familial déjà défavorable à la réussite scolaire. Dans cette hypothèse, les couples divorcés constitueraient d'entrée de jeu un groupe particulier au sein de l'ensemble des couples, le divorce ne faisant que traduire cette singularité[285] ».

La représentation de la femme divorcée

La sociologue tunisienne Souad Rjeb résume la représentation que se faisait la société tunisienne de la femme divorcée vers le milieu des années 1980, position qui ne semble guère avoir véritablement changé trente années plus tard : « La femme divorcée est perçue par la société comme une femme coupable, irresponsable, égoïste et libre, donc menaçante pour l'ordre social.

C'est dans ce contexte que doit être placé le vécu des femmes divorcées. Si certaines en arrivent à la dépression nerveuse ou au suicide, c'est pour exprimer toute la violence et l'agressivité que l'entourage déverse sur elles[286] ». En Tunisie, une femme divorcée qui, de surcroît se permet de discuter l'autorité des mâles, est souvent désignée sous le sobriquet de

---

[285] Archambault (P.), « Séparation et divorce : quelles conséquences sur la réussite scolaire des enfants ? », in *Population et sociétés* n°379, Institut National d'Etudes Démographiques, mai 2002, p. 4
[286] Rjeb (S.), « Le divorce d'après le vécu des femmes tunisiennes cadres », in *Revue Tunisienne de Sciences Sociales* n° 84/87, Centre d'Etudes et de Recherches Economiques et Sociales, 1986, p. 322

« *Aïcha-rajel* [287] », certainement non dénué de connotation sexuelle. Une enquête réalisée en 2011 par l'Office National de la Famille et de la Population avait ainsi révélé que 44.8% des femmes divorcées étaient soumises à des violences sexuelles, 59.4% d'entre elles à des violences physiques, et 67.3% à des violences psychologiques. *Grosso modo*, plus de la moitié des femmes divorcées sont victimes de violences. A titre de comparaison, les femmes mariées sont moins exposées, avec des taux de respectivement 14.6%, 21.2% et 23.6%[288].

Selon que l'on est un homme ou une femme, les parcours post-rupture sont d'ailleurs sensiblement différents : les hommes divorcés se remarient généralement rapidement et refont leur vie, rompant ainsi avec le statut de divorcé. Les femmes, en revanche, risquent de s'attarder dans le célibat. Elles auront plus du mal à se défaire de l'image de suspicion qui les entourera désormais. Elles entrent alors dans une sorte de « marché d'occasion », avec en filigrane cette concurrence entre les jeunes femmes encore vierges, et celles divorcées, ayant eu une première expérience sexuelle, déflorées par un autre. D'autant plus que, nous avions eu l'occasion de souligner *supra*, la virginité reste un élément clé sur le marché nuptial tunisien.

---

[287] Garçon manqué. L'expression pourrait venir de « vivant comme un homme », ou de « Aïcha-l'homme », en référence à l'une des épouses du Prophète Mahomet, qui se mêlait de politique, au même titre qu'un homme
[288] Office National de la Famille et de la Population, *Enquête nationale sur la violence à l'égard des femmes en Tunisie*, Tunis, ONFP, 2011, p. 49

Chapitre IX
LA FECONDITE

Il est bien entendu que la naissance d'un nouveau-né est le fruit d'un couple. Pourtant, il est d'usage de considérer systématiquement la fécondité d'un point de vue exclusivement féminin. En Tunisie plus qu'ailleurs, la maternité revêt un caractère quasiment sacré.

La maternité, à tout prix

Sans songer à une société particulière, Diana Lima Hardem écrivait : « La maternité est donc culturellement survalorisée par rapport à la sexualité féminine, qui est réduite à l'acte sexuel, dont la raison d'être sur le plan social et moral est posée comme inexistante sans cette finalité qu'est la maternité[289] ». Cela semble s'appliquer à la femme tunisienne.

Avoir un enfant à tout prix, est-ce finalement l'alpha et l'oméga de la Tunisienne ? Oui, serait-on tentés de répondre après la lecture d'un des contes populaires les plus fascinants du folklore tunisien, celui de Demi-coq : « Il était une fois un homme qui épousa une première femme sans qu'elle lui donne une descendance, puis une deuxième femme, puis une troisième femme toujours sans avoir d'enfants. Or il mourait d'envie d'en avoir. Il réunit ses trois femmes et leur dit : « Vous avez une semaine pour tomber enceintes. Sinon, j'épouse une quatrième[290] ». Nos femmes, gémissant et se lamentant, étaient vraiment malheureuses. Elles se tournèrent alors vers Dieu.
- La première dit : « Mon Dieu, accorde-moi un enfant, ne fut-ce qu'un demi-coq ! ».

---

[289] Lima Hardem (Diana), *Défis de l'approche genre en santé de la reproduction*, Dakar, Fonds des Nations Unies pour la Population, 1998, p. 3
[290] Quatre épouses étaient autorisées en Tunisie, jusqu'à l'avènement du Code du Statut Personnel de 1956. Les Présidents Habib Bourguiba et Kamel Atatürk auront fait de la Tunisie et de la Turquie les seuls pays musulmans ne reconnaissant pas la polygynie

- La deuxième dit : « Mon Dieu, accorde-moi un enfant, même une *borma*[291] ».
- La troisième dit : « Mon Dieu, je me contenterais d'un âne comme enfant ! ».

Or, c'était un moment propice et Dieu exauça leurs vœux[292]. Et neuf mois après, l'une mit au monde un demi-coq, l'autre une *borma* et l'autre enfin un âne. Tout le monde était content…[293] ».

Que retenir du prologue de ce conte, et de tant d'autres variations sur le même thème, qui ont bercé notre enfance ? Le sociologue tunisien Abdelwaheb Bouhdiba nous répond en des termes simples : « Ce conte est un excellent témoignage de la vie familiale tunisienne traditionnelle. Avoir un enfant est pour une femme une nécessité. Nul ne peut se passer d'enfant. Une femme stérile n'a guère de choix qu'entre la répudiation pure et simple et le partage de son lit avec une ou plusieurs coépouses[294] ». Au point qu'une monstrueuse maternité est préférée à une stérilité.

Dans la société tunisienne moderne, ce conte venu du fond des âges résonne encore. La femme-épouse semble ainsi avoir des devoirs et des responsabilités, davantage que des droits et des choix. La Tunisienne est ainsi considérée comme la principale responsable de la fécondité du couple, de la capacité de mener à terme une grossesse, des soins à procurer au nouveau-né, de l'éducation, voire de la socialisation de l'enfant. Revers de la médaille, son rôle relève davantage de la sphère domestique[295].

Certes, le produit d'une conception est issu de la matrice féminine, mais est-on véritablement certain que c'est la femme

---

[291] Marmite en poterie
[292] Dans la tradition populaire, il y aurait chaque jour quelques instants, et en chaque année quelques jours durant lesquels *Bab el Arch* – une sorte de porte du paradis – s'ouvre, Dieu exécutant alors pêle-mêle tous les vœux qui lui sont adressés. On ignore, hélas, ce moment si précieux
[293] Bouhdiba (Abdelwaheb), *L'imaginaire maghrébin. Etude de dix contes pour enfants*, Tunis, Cérès, 1982, p. 87
[294] Bouhdiba (Abdelwaheb), *L'imaginaire maghrébin. Etude de dix contes pour enfants*, Tunis, Cérès, 1982, p. 91
[295] Lima Hardem (Diana), *Défis de l'approche genre en santé de la reproduction*, Dakar, Fonds des Nations Unies pour la Population, 1998, p. 4

qui décide d'avoir un enfant ? Que c'est encore elle qui fixe le nombre d'enfants formant sa famille ? La situation est bien plus complexe qu'il n'y parait.

Evaluation de la fécondité en Tunisie

Autrefois, aux lendemains de l'indépendance en 1956, l'Indice Synthétique de Fécondité[296] (ISF) atteignait des pics de 8 voire 9 enfants par femme. Depuis, la fécondité a progressivement diminué[297], jusqu'à atteindre le seuil de remplacement des générations[298], soit 2.1 enfants par femme en 1999, pour se stabiliser ensuite à ce niveau tout au long des années 2000. Pour simplifier, disons qu'aujourd'hui, chaque Tunisienne a en moyenne deux enfants.

Il peut sembler étonnant de voir ici que la fécondité de la femme tunisienne ne semble guère avoir été affectée par la crise économique qui a secoué la planète tout au long des années 2000. On peut se demander en effet pourquoi, alors que les femmes vivant dans la plupart des pays européens ont réduit leur fécondité sous l'effet du chômage, de la précarité de l'emploi et de l'inflation[299], la femme tunisienne a maintenu le cap des deux enfants. Comme si de rien n'était.

---

[296] Il s'agit du nombre moyen d'enfants par femme dans une génération fictive. On le calcule en effectuant la somme des taux de fécondité par âge dans une population, pour les Femmes en Age de Reproduction (FAR), c'est-à-dire âgées de 15 à 50 ans. En démographie, on suppose qu'une femme âgée de 50 ans, ménopausée, ne peut plus avoir d'enfants – ce qui n'est pas une vérité absolue
[297] Notons toutefois un pic de naissances en 1964, dû à la promulgation de la Loi du 29 février 1964, reculant l'âge légal au mariage des filles de 15 à 17 ans. Les parents, ayant eu vent de la nouvelle, ont alors précipité les mariages de leurs filles dès 1963, ce qui a entraîné une explosion de premières naissances en 1964, suivie d'une deuxième vague en 1966
[298] Lorsque chaque femme donne naissance à 2.1 enfants, en tenant compte de la mortalité maternelle, elle sera remplacée par une fille, ce qui permettra à terme d'assurer le remplacement de la génération
[299] Sobotka (T.), Skirbekk (V.), Philipov (D.), « Economic recession and fertility in the developed world », in *Population and development review*, 37 (2), pp. 267-306 ; voir également Pison (G.), « Deux enfants par femme dans la France de 2010 : la fécondité serait-elle insensible à la crise

Est-ce l'habitude de la misère ? Un peu plus, un peu moins, « après tout, ma foi, Dieu pourvoira », dit-on encore au fond des chaumières des *douars*[300]. Ailleurs, on se rassure avec le *hadith*, très populaire en Tunisie – car faussement encourageant – qui énonce : « Mariez-vous pauvres, Dieu vous enrichira ». On se marie, on a deux enfants, et puis à défaut de s'enrichir on s'adapte, on se serre la ceinture, en attendant des jours meilleurs.

Oui, le fatalisme propre à la culture arabe, musulmane, méditerranéenne, africaine aussi, a probablement joué. Un autre élément doit être pris en compte ici, pour expliquer ce paradoxe, un de plus dans la démographie tunisienne. Il est vrai que la crise économique, mais également les difficultés de trouver un logement décent, l'inflation – galopante depuis la Révolution du Jasmin – ont freiné les ardeurs des candidats au mariage, nous l'avons largement souligné dans le chapitre précédent. Mais une fois que la décision de se marier est prise, le désir d'avoir deux ou trois enfants est inébranlable.

En réalité, d'un point de vue économique, les célibataires tunisiens envisagent le mariage comme un « pack social », comprenant une vie en couple assortie de l'élevage des enfants. Il est ainsi exceptionnel qu'un couple s'engage dans une union sans planifier de concevoir, ne serait-ce qu'un enfant. Si la crise économique va jouer, elle le fera donc en amont, lors des fiançailles. L'autre élément qui joue aussi, c'est la solidarité familiale, qui permet d'envisager avec plus de sérénité d'avoir des enfants.

Un phénomène plus étonnant encore, et qui n'apparaît qu'au travers du dernier recensement de 2014, c'est cette reprise de la natalité, dont on peut situer l'origine vers l'année 2011. Sans aller jusqu'à qualifier cela de baby-boom, on constate que les Tunisiennes se sont brusquement mises à avoir plus d'enfants, tendance qui pourrait même, si elle s'inscrit dans la

---

économique ? », in *Population et sociétés* n°476, Institut National d'Etudes Démographiques
[300] Un *hadith*, très populaire en Tunisie – car faussement encourageant – énonce : « Mariez-vous pauvres, Dieu vous enrichira »

longue durée, ralentir le vieillissement annoncé de la population[301].

Cette recrudescence de la fécondité est probablement due au regain d'espoir des jeunes couples, après la chute du régime du Président Zine el Abidine Ben Ali et les fragiles perspectives de démocratie, auxquelles sont associés, bien naïvement d'ailleurs, des espoirs de lendemains meilleurs.

En effet, on constate souvent des explosions de natalité aux lendemains de situations de crise, telle que des conflits, des guerres civiles ou une succession d'épisodes terroristes. Peut-être aussi faut-il voir derrière cette reprise de la natalité les effets d'une radicalisation de certaines franges de la population tunisienne, comme par exemple les habitants ruraux des régions de l'intérieur. Il est vrai que l'une des formes d'expression des extrémismes salafistes est la forte fécondité, avec une préférence marquée pour les descendances mâles.

C'est ainsi que l'ISF est passé en quelques années de seulement 1.9 enfants par femme en 2008 à 2.4 enfants par femme aujourd'hui. Les prévisions faites par les Nations Unies à partir d'une hypothèse moyenne[302] laissaient alors à penser que le nombre d'enfants par femme devait décroître jusqu'à se stabiliser autour de 1.8 enfants à l'horizon 2025. Au-delà, les Nations Unies prévoyaient un ISF de 1.75 enfants par femme jusqu'en 2045, mais il ne nous semble pas raisonnable de pouvoir anticiper sérieusement la fécondité à une telle date. L'économiste américain John Maynard Keynes ne disait-il pas : « A long terme, nous sommes tous morts » ?

La césarienne

Au gré de nos missions scientifiques et humanitaires, nous avons conduit de nombreux focus groups avec des femmes en âge de reproduction dans les campagnes tunisiennes, bien souvent dans des conditions folkloriques. Au cours des

---

[301] Bouhdiba (Sofiane), *Vieillir en Tunisie*, Paris, L'Harmattan, 2017
[302] Les projections des Nations Unies distinguent systématiquement trois hypothèses : une basse, une haute, et une moyenne, cette dernière étant la plus probable, et en tous le cas celle prudemment retenue par la plupart des démographes

entretiens ayant trait à la vie génésique, le terme « *el amalya*[303] » ressurgissait systématiquement, pour désigner l'acte d'accouchement par césarienne[304].

De fait, les accouchements par césarienne ont connu une forte augmentation dans certaines régions déshéritées, atteignant même des moyennes incroyables de 38% à Gafsa et 26% à Sidi Bouzid. Nous sommes donc bien au-delà du seuil de 15% préconisé par l'Organisation Mondiale de la Santé (OMS)[305].

Cela avait attiré notre attention, et des entretiens plus approfondis avec des parturientes dans les *douars* nous ont permis de distinguer en réalité deux types de césariennes. Il y a d'abord les césariennes décidées par le gynécologue, en cas de grossesse difficile (« gros bébé[306] », présentation par le siège, malformation utérine,…). L'augmentation du nombre de ces cas de grossesses difficiles est essentiellement due au retard de l'âge au mariage, qui entraîne un recul mécanique de l'âge à la maternité, et donc des grossesses à risque[307].

Nous avons observé un deuxième cas d'accouchement par césarienne, dit « de convenance personnelle ». Il s'agit d'une césarienne demandée, voire exigée par la parturiente, par

---

[303] L'opération chirurgicale
[304] Le mot « césarienne » aurait pour origine le fait non attesté que Jules César serait né par incision abdominale. Une autre explication serait que la *Lex Regia*, édictée au VIIème avant J.C., devenue *Lex Caesarea*, imposait que l'abdomen de toute femme enceinte subitement décédée près du terme de la grossesse soit incisé pour tenter d'extraire l'enfant vivant. Selon une troisième hypothèse, proposée par Pline, le mot « césarienne » dériverait du participe passé du verbe *caedere*, couper. Pour plus de détail, voir Thoumsin (H.), Emonts (P.), « Accoucher et naître : de jadis à aujourd'hui », in *Revue Médicale de Liège,* 2007, 62 : 10, pp. 616-623
[305] Organisation Mondiale de la Santé, *Déclaration de l'OMS sur les taux de césarienne*, Genève, OMS, 2014, pp. 1-3
[306] Macrosomie, c'est-à-dire bébé pesant plus de 4 kg. Phénomène lié notamment à la multiparité, l'obésité de la mère, le diabète, ou un âge de la mère supérieur à 35 ans
[307] Les professionnels de la santé considèrent qu'à partir de 35 ans, une grossesse est susceptible de donner lieu à des complications

peur des douleurs de l'accouchement[308]. Une sorte d'alternative à la péridurale, qui n'est pas spécifique à la Tunisie, mais que l'on retrouve dans les familles modestes. Toutefois, l'acceptation d'une césarienne de convenance personnelle ne devrait normalement aboutir qu'après une longue négociation, au cours duquel le personnel médical et paramédical tente de convaincre la parturiente d'accoucher naturellement.

Or, il semblerait que, dans les régions reculées de l'intérieur du pays, la demande de césarienne exprimée par la parturiente soit trop rapidement acceptée par le médecin. Des médecins auraient même poussé des femmes à accoucher par césarienne sans que cela soit véritablement nécessaire, ce qui a créé des scandales au sein du ministère de la Santé[309].

Sans aller jusqu'à reprendre l'expression catastrophiste « épidémie de la césarienne » employée par Marleen Temmerman, directrice du département Santé et recherche Génésiques à l'OMS, il semblerait qu'une véritable culture de la césarienne soit en train de se propager d'une manière insidieuse en Tunisie, même au plus profond des campagnes de Gafsa et Sidi Bouzid.

Eviter la douleur n'est toutefois pas l'unique déterminant de la demande en césariennes. Beaucoup de femmes nous ont déclaré, plus simplement, vouloir « mettre fin au cauchemar administratif » : souvent, lorsque la parturiente arrive de son village à l'hôpital, pensant être prise en charge, le staff médical l'informe qu'elle n'est pas encore prête à accoucher, et lui demande de revenir. La perspective de refaire un long et coûteux trajet pour rentrer au village, doublée de l'absence de structures d'accueil dans ou à proximité de l'hôpital, pousse ainsi de nombreuses femmes à exiger un accouchement immédiat, fut-il au détriment d'une opération chirurgicale risquée.

---

[308] Les douleurs de l'enfantement étaient autrefois considérées comme un *thweb*, ouvrant droit à une récompense divine. Cela fait aujourd'hui partie du folklore tunisien

[309] Faut-il le rappeler, la césarienne effectuée dans une structure privée coûte environ 1600 DT (530 €)

La stérilité

Quid lorsque le couple est stérile ? Notre collègue Diana Lima Hardem, écrivait ainsi, lorsqu'elle était conseillère en genre auprès du Fonds des Nations Unies pour la Population (FNUAP) : « Les fonctions relatives à la fécondité et à la procréation sont en effet culturellement posées comme relevant essentiellement du domaine de la femme, du fait de sa capacité à mener à terme une grossesse et à accoucher.

La féminisation de ces fonctions justifie le bâillonnement de la sexualité féminine et suffit à culpabiliser la femme de la stérilité du couple. Dans certaines sociétés, des mécanismes sociaux ont même été mis en place pour masquer la stérilité masculine[310] ». En Tunisie, si l'enfant ne nait pas dans les trois-quatre années suivant le mariage, c'est uniquement vers l'épouse que se tournent les regards inquisiteurs. Le conte de Demi-coq le montre bien.

Phénomène plus rare, l'infécondité peut être volontaire, débouchant sur une situation de stérilité du couple. Il n'existe pas de données sur l'infécondité volontaire en Tunisie, le thème – probablement considéré comme marginal par rapport à d'autres – ayant été occulté des questionnaires des nombreuses enquêtes de fécondité. Nous avons toutefois collecté quelques matériaux empiriques au travers de travaux de terrain qualitatifs épars, menés au gré de nos missions humanitaires et scientifiques en Tunisie.

Il semblerait que le désir des femmes de se marier soit synonyme d'avoir des enfants, et notamment à l'âge modal au mariage, c'est à dire vers 30 ans. Ce désir s'accompagne le plus souvent d'une représentation claire de la « bonne parentalité » : avoir un « bon mari », constituer un couple stable, planifier deux ou trois naissances au « bon âge » et au « bon moment ».

Les entretiens avec des jeunes femmes ayant achevé leurs études, prêtes à se marier, traduisent le plus souvent une représentation du mariage et de la fécondité qui confirment le désir de « fonder une famille ». Le souhait de ne pas être mère

---

[310] Lima Hardem (Diana), *Défis de l'approche genre en santé de la reproduction*, Dakar, Fonds des Nations Unies pour la Population, 1998, p. 3

est minoritaire, voire exceptionnel chez les jeunes mariées, et varie peu selon des critères habituellement influents, tels que le niveau d'instruction, le milieu, la catégorie socioprofessionnelle, ou la région. Toute autre est la situation chez les femmes encore célibataires vers l'âge de 35 ans. Ces dernières déclarent plus souvent vouloir rester sans enfants, souhait renforcé par la présence de diplômes sanctionnés par de longues études, tels que Master, Doctorat, ingéniorat, spécialisation médicale,...

Les séjours de longue durée pour études en Europe semblent également renforcer le désir de ne pas avoir d'enfants chez quelques jeunes femmes célibataires, l'argument avancé étant « Je suis bien sans enfants ». Il est étonnant de voir à quel point la représentation de l'enfant dans la société tunisienne moderne peut varier, de « l'enfant-assurance vieillesse » à « l'enfant-fardeau ».

C'est probablement un effet de sélection qui joue ici : les mêmes raisons qui découragent certaines femmes – surdiplômées et promises à une belle carrière professionnelle – à se marier, ou du moins à se marier tardivement, agissent sur leur désir d'infécondité. Au-delà d'une moindre propension à la conjugalité, certaines femmes semblent s'inscrire plus facilement dans des parcours de vie atypiques, qui tranchent avec les schémas traditionnels de socialisation qui leur sont assignés.

Les femmes mariées au-delà de 35 ans déclarent, quant à elles, opter pour une infécondité du fait d'un âge trop avancé, non pas pour accoucher, mais pour élever des enfants. L'exemple le plus volontiers donné dans les entretiens est « Je suis trop âgée pour changer les couches ». Le choix de l'infécondité de certaines femmes mariées s'explique également par le résultat d'une stigmatisation de la parentalité tardive dans la société tunisienne.

La situation n'est guère spécifique à la Tunisie : en 2010, les démographes Charlotte Debest et Magali Mazuy avaient fait à peu près le même constat pour la société française[311], au travers de l'enquête *Fecond*[312] (Fécondité, Contraception et Dysfonctions sexuelles).

---

[311] Debest (C.), Mazuy (M.), « Rester sans enfant : un choix de vie à contre-courant », in *Population et sociétés n°508*, Institut National d'Etudes Démographiques, février 2014, pp. 2-3

[312] Enquête réalisée auprès d'un échantillon de 5275 femmes et 3373 hommes âgés de 15 à 49 ans

Chapitre X
LES DETERMINANTS DE LA FECONDITE

Estimer le niveau de la fécondité est déjà en soi un exercice délicat. Identifier les déterminants du phénomène relève de l'impossible, tant sont nombreux et intriqués les éléments qui entrent en jeu pour définir la descendance finale d'une femme. Le démographe américain John Bongaarts en avait identifié quatre principaux, qui expliquent jusqu'à 97% de la variation de la fécondité au niveau mondial[313] : la nuptialité, la contraception, l'avortement et l'allaitement[314]. Voyons ce que valent ces déterminants en Tunisie.

Le modèle de Bongaarts

Le modèle de Bongaarts s'écrit de la manière suivante :

$$TFT = TFN \times C_m \times C_c \times C_a \times C_i$$

avec :
- TFT le Taux de Fécondité Total ;
- TFN le Taux de Fécondité Naturel (on suppose qu'une femme peut avoir, en l'absence de toute variable ayant un effet réducteur, en moyenne 15.3 enfants au cours de sa vie féconde[315]) ;
- C_m le coefficient de nuptialité ;

---

[313] Bongaarts (J.), « A framework for analyzing the proximate determinants of fertility », in *Population and Development Review*, vol. 4, n°1, 1978, pp. 105-132 ; voir également Bongaarts (John), Potter (Robert), *Fertility, biology and behaviour. An analysis of the proximate determinants*, New York, Academic Press, 1983
[314] Après l'accouchement, lorsque la mère allaite, il y a une période d'infécondité
[315] Désigné en démographie sous l'expression de « fécondité naturelle », ou parfois « fécondité maximale »

- C_c le coefficient de contraception ;
- C_a le coefficient d'avortement ;
- C_i le coefficient d'infécondité post-partum.

Dans les années 1975, l'aménorrhée post-partum était le premier facteur de contrôle de la fécondité en Tunisie, tandis que la contraception et l'âge au mariage ne jouaient qu'un rôle secondaire. Vers le milieu des années 1980, la contraception est devenue le premier critère de réduction de la fécondité, le retard du calendrier nuptial venant au second rang, avant l'avortement et l'aménorrhée post-partum.

L'enquête MICS[316] réalisée par le ministère de la Santé en 2006 avait ainsi permis de calculer les indicateurs suivants :
- C_c=0.382 (contraception) ;
- C_m=0.511 (mariage) ;
- C_a=0.747 (avortement) ;
- C_i=0.998 (infécondité post-partum).

Autrement dit, ces quatre facteurs vont agir en synergie sur la fécondité naturelle de la femme tunisienne[317], pour la réduire de 15 à seulement 2 enfants.

Au niveau du Maghreb, le classement des quatre coefficients a évolué de la manière suivante :

---

[316] Multiple Index Clusters Survey, Enquête par grappes à indicateurs multiples

[317] Plus l'indicateur est proche de l'unité, et moins il joue un rôle dans la réduction de la fécondité

Coefficients de Bongaarts, Maghreb, 1975-2010

Pays	Vers 1975	Vers 1986	Vers 2010
Algérie	1. IPP* (allaitement) 2. Mariage 3. Contraception 4. Avortement	1. Contraception 2. Mariage 3. IPP (allaitement) 4. Avortement	1. Contraception 2. Mariage 3. IPP (allaitement) 4. Avortement
Maroc	1. IPP (allaitement) 2. Mariage 3. Contraception 4. Avortement	1. Contraception 2. IPP (allaitement) 3. Mariage 4. Avortement	1. Contraception 2. Mariage 3. IPP (allaitement) 4. Avortement
Tunisie	1. IPP (allaitement) 2. Contraception 3. Mariage 4. Avortement	1. Contraception 2. IPP (allaitement) 3. Mariage 4. Avortement	1. Contraception 2. Mariage 3. Avortement 4. IPP (allaitement)

*Infécondité Post-Partum
(Source : Bakass, Ouadah-Bedidi, Ayed, Jemai, Bouhdiba, INS, ONFP, MICS)

Nous estimons aujourd'hui que, pour un Indice Synthétique de Fécondité d'à peu près 2.3 enfants par femme, les coefficients ont peu évolué, si ce n'est un rapprochement de ceux de la contraception et du mariage. Les valeurs des coefficients seraient à peu près les suivantes : $C_c=0.42$ (contraception), $C_m=0.45$ (mariage), $C_a=0.8$ (avortement) et $C_i=0.99$ (infécondité post-partum).

Sans entrer dans le détail fastidieux des calculs, retenons que la contraception et le recul de l'âge au mariage sont aujourd'hui les principaux moteurs du contrôle de la fécondité de la femme tunisienne, l'avortement ne jouant qu'un rôle mineur, et l'aménorrhée post-partum étant quasiment absente. Examinons ces quatre déterminants plus en détail.

Le recul de l'âge au mariage

De nombreux travaux ont démontré que le recul de l'âge au mariage a largement contribué à la réduction de la fécondité en Tunisie, et ce depuis les années 1970[318]. Deux

---

[318] Lapham (R.), « Family planning and fertility in Tunisia », in *Demography* volume 7, n°2, 1970, pp. 241-253 ; Vallin (J.), « Limitation des naissances en Tunisie : efforts et résultats », in *Population*, volume 26, Institut Nation des Etudes Démographiques, 1971, pp. 181-204, Tabutin (D.), « Nuptiality and fertility in the Maghreb », in *Actes du colloque de Bruges du 8-11 janvier*

raisons à cela : d'abord, comme dans tous les pays musulmans, le mariage est une condition *sine qua non* pour entamer une vie génésique socialement reconnue. Par ailleurs, nous avons eu l'occasion de le souligner *supra*, le mariage est quasiment universel en Tunisie. Autrement dit, si on peut se permettre de schématiser très grossièrement, aujourd'hui quasiment toutes les Tunisiennes finissent pas se marier, le statut d'épouse précédant celui de mère. Dans ces conditions, toute altération dans l'âge moyen d'entrée en union va avoir des conséquences sur la durée de la vie en couple, et donc sur la capacité à avoir des enfants, ce qui va finalement influer sur la descendance finale des femmes.

En Tunisie, les femmes semblent exprimer de plus en plus le désir de commencer leur carrière professionnelle avant d'avoir des enfants. Un lien concurrentiel semblerait même s'établir entre emploi et maternité. Comme le suggèrent les démographes américains Tim Dyson et Mick Moore, « Plus une femme peut subvenir à ses propres moyens sans dépendre de son mari ou de sa famille ou moins elle est séparée de sa famille d'origine (physiquement, sentimentalement ou économiquement), moins elle a besoin d'affirmer ou de légitimer sa place au sein de sa famille par la maternité[319] ».

Dans la société tunisienne moderne, la femme ne considère plus depuis belle lurette son enfant comme une garantie pour « légitimer sa place », pour plusieurs raisons : son indépendance économique, garantie par un accès plus facile à l'emploi, l'existence d'un système bancaire, et malgré tout la persistance de la solidarité de sa famille, à défaut de celle de l'époux.

1979, Ordina, 1982 ; voir également Adlakha (A.), Ayad (M.), Kumar (S.), « The role of nuptiality in fertility decline: a comparative analysis », in *Demographic and health surveys world conference, Washington, August 1991*, volume 2, Institut de Recherche et Développement,, pp. 947-964
[319] Dyson (T.), Moore (M.), « On kinship structure, female autonomy, and demographic behavior: a policy analysis », in *Studies and development review*, 9, pp. 35-60, 1984; voir également, pour le contexte asiatique, Wolf (Margery), *Women and family in rural Taiwan*, Californie, Stanford University Press, 1972

On peut alors se demander, dans le contexte de chômage généralisé que connaît actuellement la Tunisie, comment vont réagir les jeunes mariées rencontrant des difficultés d'insertion professionnelle ? Vont-elles retarder leur projet de maternité, ou au contraire l'avancer, profitant du temps libre qui leur est imposé ?

Il nous semble plutôt que les Tunisiennes au chômage auraient plutôt tendance à retarder l'arrivée de leur premier enfant. Dans ce cas, le niveau de la fécondité ne varie pas véritablement, il s'agit simplement d'un retard de l'arrivée du premier enfant. En effet, de toutes manières si une femme décide d'avoir deux enfants, elle les aura, mais plus tard, et avec un plus faible écart entre les deux naissances. Et c'est précisément ce qui s'est produit en Tunisie.

De nombreuses femmes veulent en effet réduire l'intervalle inter génésique, la période de deux ans étant souvent retenue comme idéale, permettant à l'organisme de se reconstituer après la dure épreuve de l'accouchement. Par ailleurs, un écart de deux ans dans les fratries répond à des considérations pratiques : il est ainsi d'usage de dire, dans les familles tunisiennes, que « l'aîné éduque le cadet », joue avec lui, l'aide à faire ses devoirs,... Comme toujours dans la société tunisienne, l'argument économique est bien présent : les mêmes meubles, les mêmes jouets, les mêmes ustensiles, voire les mêmes vêtements serviront aux deux enfants, si l'écart d'âge est réduit.

Ce qui change, ce sont les rapports mère-enfant, qui commencent forcément à s'établir plus tard. C'est peut-être là l'un des changements majeurs intervenus au sein de la famille tunisienne au cours de ces dernières décennies : les jeunes mères tunisiennes ne sont plus vraiment des jeunes mères. Elles sont aujourd'hui âgées de 33, 34, voire 35 ans.

L'écart intergénérationnel dans les familles commence à atteindre ses limites, ce qui influe sur l'éducation des enfants, le partage des tâches domestiques, et d'une manière générale sur une réorganisation de la vie familiale, avec notamment une institutionnalisation à tout-va de ce qui relevait de la sphère intime il n'y a pas si longtemps : garderie, nutrition, suivi scolaire,...

La contraception

La contraception a joué un rôle historique dans la chute de la fécondité de la femme tunisienne. Sous la pression du gouvernement, la prévalence contraceptive était ainsi passée de seulement 10% dans les années 1960, à environ 66% aujourd'hui. Le programme de planification familiale mis en place dès le milieu des années 1960 a été considéré comme pionnier dans le monde arabe, et a porté ses fruits jusque vers le début des années 1990, lorsqu'il a été relayé d'une manière encore plus efficace – bien plus discrète aussi – par le bouleversement du calendrier nuptial.

Depuis son lancement en grandes pompes en 1966, le programme de planification familiale est passé par différentes phases. L'Office National du Planning Familial et de la Population (ONPFP) avait ainsi commencé par mener une politique centrée sur la limitation des naissances, le Président de la République Habib Bourguiba ayant alors une vision purement malthusienne – et oh ! Combien éclairée – du développement économique.

Jusqu'en 1974, les Tunisiennes se sont ainsi retrouvées au cœur d'une campagne médiatique agressive, qui portera jusqu'aux *douars* les plus isolés du pays, un message tournant autour d'un credo unique : le moins d'enfants possible ! On ira même jusqu'à suspecter – mais sans que cela ait jamais été prouvé – certaines équipes itinérantes de l'ONPFP d'avoir profité de la situation pour réaliser de discrètes stérilisations chez quelques paysannes ignorantes.

Durant la décennie suivante, de 1974 à 1984, l'ONPFP toujours hantée par la surpopulation, recentre son action sur l'espacement des naissances et la protection du couple mère-enfant. De 1984 à 1994, la promotion de la santé familiale devient la priorité nationale. Ce n'est toutefois qu'à partir de 1994, avec l'avènement de la Conférence Internationale sur la Population et le Développement (CIPD) tenue au Caire, que le concept de Santé de la Reproduction, plutôt orienté vers la femme, sera pleinement intégré – jusqu'à ce jour d'ailleurs – dans l'action prioritaire de l'ONPFP. Dans la foulée, l'ONPFP change de dénomination pour devenir ONFP (Office National de la Famille et de la Population), et adopte un nouveau logo. L'expression « Planning Familial » est occultée car désuète, et remplacée par le mot « Famille ». L'office sera d'ailleurs beaucoup moins impliqué dans la promotion de la contraception, si ce n'est au travers de l'approvisionnement en moyens de contraception.

L'avortement

Même si il est autorisé par la loi[320], l'avortement ne joue qu'un rôle secondaire dans le recul de la fécondité de la femme en Tunisie. Les établissements de santé publique déclarent rarement plus de 14000 avortements par an[321]. Cependant, les cliniques privées pratiqueraient chaque année environ 21000 Interruptions Volontaires de Grossesse (IVG), qui n'apparaissent pas forcément dans les statistiques nationales.

Cela porterait donc le nombre total des avortements annuels à 35000, ce qui devient non négligeable pour une population de 6 millions de femmes. Et encore, il faudrait de surcroit prendre en considération les « broyages de fœtus »[322] exécutés d'une manière clandestine par des gynécologues, voire des médecins généralistes peu scrupuleux[323].

Soulignons que les femmes qui se présentent pour un avortement clandestin sont particulièrement exposées à une mortalité maternelle, car elles souffrent généralement d'anémie, d'inflammations vaginales, de malnutrition. Elles sont dans un état dépressif, aggravé par les leçons de morale du personnel hospitalier, l'évocation des interdits religieux, l'usage de termes malencontreux pour les horrifier, comme par exemple « bébé »

---

[320] Depuis septembre 1973, l'Interruption Volontaire de Grossesse (IVG) est autorisée au cours des trois premiers mois de grossesse, quel que soit le nombre d'enfants, dans un établissement hospitalier, sanitaire ou une clinique autorisée, par un médecin exerçant légalement sa profession
[321] Office National de la Famille et de la Population
[322] Expression populaire pour désigner les avortements clandestins réalisés par des médecins au-delà de la période légale de 3 mois,
[323] Le prix demandé pour un avortement clandestin varie de 400 à 1500 Dinars Tunisiens, soit 130 à 500€

pour désigner un fœtus, ou « hémorragie » pour un simple saignement.

Peut-être parce qu'il est mal considéré, voire diabolisé, l'avortement reste en Tunisie le recours ultime, bien souvent associé aux « victimes d'erreurs de jeunesse », ou aux filles de joie. La vulgarisation de la contraception, en amont du processus reproductif, y est certainement aussi pour quelque chose.

L'allaitement

Comme dans la plupart des pays industrialisés, le rôle de l'infécondité post-partum de la femme est considéré comme négligeable en Tunisie. Rappelons que, après une naissance, l'exposition au risque de grossesse reste étroitement liée à trois facteurs : la date du retour de l'aménorrhée post-partum - c'est à dire l'ovulation - l'abstinence sexuelle après la naissance, et l'allaitement.

Les démographes tunisiens Mohamed Ayad et Hédi Jemai, tout en confirmant le poids négligeable de l'infécondité post-partum en Tunisie, soulignent le rôle de quelque importance joué par l'allaitement : « Dans les sociétés arabes, cependant, la durée de l'abstinence post-partum est courte. L'islam ne prescrit que 40 jours d'abstinence. En Tunisie, l'abstinence post-partum n'a pratiquement pas d'incidence sur le risque de grossesse. En effet, les relations sexuelles reprennent, en moyenne, bien avant le retour de l'ovulation, seule celle-ci détermine la fin de la période de protection temporaire. Celle-ci dépend donc principalement de la durée de l'allaitement maternel qui, prolongé, est un moyen assez efficace de protection[324] contre des grossesses rapprochées[325] ».

En 1988, l'allaitement avait été proposé par l'Organisation Mondiale de la Santé comme une méthode scientifiquement prouvée de contraception[326], à l'occasion du

---

[324] Notez l'usage immodéré du mot « protection », qui dénote la vision négative de certains démographes néo-malthusiens
[325] Ayad (M.), Jemai (H.), « Les déterminants de la fécondité », in *Population et développement en Tunisie. La métamorphose*, Cérès, 2001, p. 188
[326] Quatre conditions doivent être réunies pour assurer une protection de 98%

Consensus de Bellagio[327]. L'effet contraceptif de l'allaitement résulte de la succion prolongée qui stimule les récepteurs sensoriels de l'aréole[328]. Le mécanisme reste encore mal connu, mais ce qui semble certain c'est que le blocage des hormones provoque une absence d'ovulation, une absence de règles, avec à la clé une infertilité temporaire. L'allaitement est largement pratiqué en Tunisie, avec un taux avoisinant les 95%. Toutefois, l'allaitement exclusif dure seulement 40 jours, et l'allaitement mixte se limite à 15 mois. Les jeunes mères tunisiennes, et notamment en milieu urbain, font donc fi du texte coranique, qui préconise une période d'allaitement de deux années lunaires, l'année hégirienne étant plus courte que l'année solaire de onze jours[329].

Ce n'est guère le cas en Tunisie, mais il semblerait que ces formes naturelles de contrôle des naissances en post-partum jouent encore un rôle non négligeable dans les populations africaines. Nous avons eu en tous les cas l'occasion de le vérifier dans les sociétés ouest-africaines, tant urbaines que rurales.

---

durant les six premiers mois après l'accouchement, soit une protection équivalente à celle d'une pilule ou d'un stérilet : un allaitement exclusif, sans autre mode d'alimentation du bébé ; pas d'intervalle de plus de 6 heures entre deux tétées ; au moins 6 tétées longues ou 10 tétées courtes chaque jour, de façon à ce que la stimulation du mamelon et de l'aréole dure quotidiennement de 60 à 90 minutes ; l'absence de retour de couches

[327] Réunion organisée par le Population Council, la Fédération Internationale de Gynécologie et d'Obstétrique (FIGO), et la Coalition pour la Fourniture de Produits de Santé Reproductive (RHSC), et durant laquelle des experts internationaux se sont réunis pour discuter les possibilités d'accroître l'accès aux méthodes de contraception efficaces, réversibles à longue durée d'action (LARC)

[328] Zone de peau circulaire pigmentée située autour du mamelon

[329] La sourate al Baqarah énonce, en son verset 233 : « Les mères allaiteront leurs enfants deux années entières pour qui veut parfaire l'allaitement » ; le verset 14 de Sourate Loqman énonce également : « Nous avons expressément recommandé à l'homme son père et sa mère : sa mère s'étant doublement exténuée, le portant puis le mettant au monde, son sevrage n'ayant lieu qu'au bout de deux ans »

Quatrième partie
FIN DE VIE

Nous avions initié ce livre par une série de réflexions autour de la naissance de la femme tunisienne. C'est donc tout naturellement que, suivant un cycle de vie immuable, nous proposons de consacrer la dernière partie de l'ouvrage à la fin de sa vie.

Nous commencerons par aborder la question du vieillissement, ce qui va poser d'emblée la question de la définition d'une femme âgée. Tant de mots et d'expressions se confondent, se recouvrent, s'opposent parfois : vieille, *azouza*[330], senior, retraitée, *hajja*[331], troisième âge,...

Le sociologue français Pierre Bourdieu disait de la jeunesse qu'elle n'était qu'un mot[332], mais cela pourrait tout aussi bien s'appliquer à la vieillesse, tellement il s'avère difficile d'en fixer le seuil. En existe-t-il seulement un ? Devient-on vieille à soixante ans ? Soixante-dix ? Comme nous le verrons *infra*, ce n'est peut-être pas là le plus important.

Nous clorons ensuite l'ouvrage avec un examen approfondi des spécificités de la mortalité féminine en Tunisie, ce qui nous amènera parfois à employer des modèles démographiques techniques, à la limite du rébarbatif. Que le lecteur nous pardonne l'aspect quelque peu ennuyeux de cette approche, que nous avons d'ailleurs simplifiée à dessein.

---

[330] Vieille en arabe, mot péjoratif
[331] Dame ayant accompli le « grand pèlerinage » à la Mecque. En Tunisie, on emploie ce mot pour interpeller respectueusement une dame âgée
[332] Bourdieu (Pierre), *Les jeunes et le premier emploi*, Paris, Association des Ages, 1978, pp. 520-530

Chapitre XI
VIEILLIR FEMME

Nous vieillissons tous, hommes ou femmes. Mais différemment. Si le vieillissement biologique suit une évolution plus ou moins progressive chez l'homme, en revanche les femmes se trouvent brutalement confrontées à leur propre vieillissement, avec la date butoir de la ménopause et l'arrêt non moins brutal des sécrétions de progestérones et d'œstrogènes. En Tunisie comme ailleurs, l'entrée en vieillesse est intrinsèquement liée à la ménopause, que l'on désigne d'ailleurs sous l'expression lourde de sens de « *sen el yaas*[333] ».

En effet, avec l'arrêt définitif de l'ovulation, ce n'est pas seulement la femme qui désespère d'avoir des enfants. C'est la société entière qui renonce à fonder ses espoirs de reproduction sur ses éléments féminins. D'une certaine manière, l'avènement de la ménopause annonce la vieillesse chez la femme. Et cela n'est certes pas sans conséquence sur le vécu même du vieillissement[334].

Contrairement à l'homme, qui peut théoriquement continuer à transmettre sa semence sans limite d'âge, la femme quinquagénaire sort brutalement du cycle reproductif. Prenant progressivement conscience qu'elle ne peut désormais plus avoir d'enfants, elle va alors se préparer à assumer la fonction de grand-mère. Ce nouveau rôle va la confirmer dans le statut de « vieille ».

A l'âge de 60 ans, les femmes peuvent anticiper une plus grande longévité que les hommes. A cet âge, les Tunisiennes ont encore devant elles 17.3 années de vie probable, contre seulement 15.6 années pour les hommes. Même si les calculs deviennent bien plus complexes à des âges encore plus élevés, on peut aujourd'hui estimer que, devenue octogénaire, une Tunisienne peut espérer vivre environ quatre années, tout comme un homme. On le voit bien ici, à mesure que les seniors

---

[333] L'âge du désespoir.
[334] Bouhdiba (Sofiane), *Vieillir en Tunisie*, Paris, L'Harmattan, pp. 26-27

prennent de l'âge, l'écart entre les sexes tend à s'estomper, hommes et femmes devenant quasiment égaux devant la mort. Nous y reviendrons.

Le vieillissement différentiel de la population

Le vieillissement de la population semble concerner davantage les femmes. Le tableau suivant montre bien que, à partir de 60 ans, les femmes deviennent plus nombreuses :

Population des seniors par sexe, Tunisie, 2014

Age	Hommes	Femmes	Ratio de masculinité
60-64	205000	203600	1
65-69	126400	135700	0.93
70-74	102600	108400	0.95
75-79	82700	87600	0.94
80-84	57600	59800	0.96
+85	37900	42300	0.9
Total	612200	637400	0.96

(Source : Recensement Général de la Population et de l'Habitat 2014)

A partir de 65 ans, on observe une irrémédiable féminisation de la population tunisienne. Les femmes vivant en moyenne plus longtemps que les hommes, elles occupent désormais le devant de la scène. Sur sa lancée, le pays comptera très probablement 1 286 000 seniors[335], soit 578 000 hommes et 708 000 femmes[336] à l'horizon 2025.

La féminisation des seniors est donc un phénomène durable, qui devrait même s'accentuer dans les décennies à venir. Ce vieillissement différentiel de la population va avoir des conséquences à terme, et en premier lieu le veuvage féminin.

---

[335] C'est-à-dire âgés de plus de 65 ans
[336] United Nations Department of Economic and Social Affairs, Population Division, *World Population Prospects: The 2015 Revision*, New York, UN, 2016

Le veuvage féminin

Autrefois, le veuvage masculin précoce était très fréquent en Tunisie. Du fait d'un âge au mariage fort avancé[337], associé à une très forte mortalité maternelle[338], le veuvage concernait surtout les hommes jeunes dont les épouses, jeunes également, étaient décédées en couches. Une première union malheureuse était alors rapidement remplacée par un second mariage, la nouvelle épouse prenant en charge l'éducation des enfants de la défunte.

C'est d'ailleurs à partir de ce schéma nuptial qu'est né le mythe de la méchante belle-mère, marâtre privilégiant ses propres enfants et martyrisant ceux des précédentes épouses. Ce *syndrome de Hansel et Grettel*[339] court d'ailleurs la littérature enfantine tunisienne.

Aujourd'hui, avec le retard du calendrier du mariage, la réduction de la mortalité maternelle et l'évolution différentielle de l'espérance de vie en faveur des femmes[340], le veuvage a littéralement changé de camp : désormais, c'est l'épouse qui, à la mort de son mari, va vivre quelques années de veuvage. Devenu typiquement féminin, le veuvage se caractérise également par une occurrence plus tardive, puisque l'espérance de vie augmente tant pour les hommes que pour les femmes. C'est ainsi que, à l'âge de 60 ans, le nombre des veuves est de 273800, celui des veufs de seulement 37000[341].

---

[337] Les jeunes filles, considérées nubiles dès l'apparition des premières règles, étaient couramment mariées ou du moins promises au mariage vers l'âge de 14 ans. Il faudra attendre la promulgation du Code du Statut Personnel, au lendemain de l'indépendance du pays, pour règlementer le mariage en Tunisie
[338] Le ratio de mortalité maternelle, aujourd'hui stabilisé autour d'une valeur plus ou moins acceptable de 36%₀₀₀ (lire « pour 100 000 naissances »), était probablement supérieur à 150%₀₀₀ dans les années 1950
[339] Knoepflmacher (U.), « The Hansel and Gretel Syndrome: Survivorship Fantasies and Parental Desertion », in *Children's Litterature*, volume 33, 2005, pp. 171-184
[340] L'espérance de vie est de 77.4 ans pour les femmes et 73.9 ans pour les hommes, selon le RGPH 2014. Voir Institut National des Statistiques, *Recensement Général de la Population et de l'Habitat 2014*, Tunis, INS, 2015
[341] Institut National des Statistiques, *Recensement Général de la Population et de l'Habitat 2014*, Tunis, INS, 2015

Par ailleurs, en Tunisie l'écart d'âge entre époux est généralement de 5 ans en faveur de l'épouse. Les Tunisiennes peuvent ainsi espérer vivre au moins cinq années de plus que leurs maris[342]. Les projections réalisées par l'Institut National des Statistiques, à partir du dernier recensement de 2014, laissent à penser que, à l'horizon 2044, les espérances de vie seraient de 79.5 ans pour les hommes et 82.4 ans pour les femmes[343].

Cela signifie que, *a priori*, les femmes survivraient environ une dizaine d'années[344] à leurs époux, comme le montre le graphique ci-dessous :

Certes, le veuvage n'est point une situation figée. Toutefois, selon que l'on est un homme ou une femme, les probabilités de se remarier rapidement et de refaire sa vie varient fortement en Tunisie. Une femme devenue veuve à 45 ans, par exemple, aura à peu près la même chance de se

---

[342] Le phénomène est également observable dans le monde animal
[343] Institut National des Statistiques, *Les projections de la population 2014-2044*, Tunis, INS, décembre 2015, p. 14
[344] Deux à trois années d'écart d'espérance de vie, auxquels il faudra rajouter quelques cinq années d'écart d'âge entre conjoints

remarier dans les dix ans qu'un homme devenu veuf à l'âge de 65 ans.

De fait, la grande majorité des femmes devenues veuves dans leur cinquantaine ne se remarient plus, ce qui n'est guère le cas pour les hommes. Cela explique d'ailleurs en partie la disproportion entre le nombre de veuves et de veufs de plus de 60 ans. En effet, la société tunisienne voit encore d'un très mauvais œil, voire stigmatise une femme qui décide de refaire sa vie après la perte de son époux, car une veuve se doit de « conserver son honneur, celui de ses enfants, de ses parents », et ne saurait prétendre à un remariage, ni même à une séduction, à moins d'accepter d'entrer en conflit avec ses proches.

La même société est beaucoup plus complaisante envers le veuf, qui ma foi, peut tout à fait se remarier et refaire sa vie. D'ailleurs, c'est probablement pour promouvoir la protection des veuves âgées dans le monde, que la *Journée des veuves* a été instituée depuis 2011 par les Nations Unies[345].

Notons ici que les sociétés africaines subsahariennes disposent d'un filet de sécurité original, qui consiste en la pratique du lévirat. En effet, nous avons eu l'occasion de constater que, dans de nombreuses communautés villageoises en Afrique de l'Ouest, à la mort du mari, la famille impose à la veuve de se remarier avec l'un des frères du défunt. Si la pratique va à l'encontre des droits de l'Homme les plus élémentaires, en revanche il faut reconnaître qu'elle permet de maintenir la veuve, même si elle est très âgée, dans la sphère familiale. C'est également un moyen de la protéger de la misère, de l'insécurité, du regard de la société.

Par ailleurs, le marché matrimonial tunisien semble largement défavorable au remariage des femmes, pour plusieurs raisons : d'abord, une veuve, à moins qu'elle ne soit encore très jeune, perd une grande partie de son attrait physique aux yeux de potentiels époux. Dans un contexte très proche, la sociologue marocaine Soumaya Naaman Guessous avait ainsi estimé à 33

---

[345] C'est la première Dame du Gabon, Sylvia Bongo Ondimba, qui avait porté le projet de résolution aux Nations Unies, finalement adopté par son Assemblée Générale, le 21 décembre 2010

ans l'âge auquel une veuve marocaine n'a plus qu'une faible attractivité pour les hommes célibataires[346].

Enfin, un phénomène purement démographique va pleinement jouer ici à l'encontre des veuves âgées qui songeraient à se remarier tardivement : à l'âge de 60 ans, il y a deux fois plus de femmes que d'hommes non mariés. A partir d'un certain âge, le mari devient donc une denrée rare sur le marché nuptial tunisien. D'autant plus que les hommes qui se remarient tardivement ont plus souvent tendance à épouser des femmes beaucoup plus jeunes, et plus nombreuses.

Les résultats du dernier recensement tunisien illustrent fort bien ces propos : en 2014, seulement 1836 femmes se sont mariées après l'âge de 50 ans, alors que durant la même période, 6070 hommes se sont mariés après cet âge, dont près de la moitié, soit 2819 après l'âge de 60 ans[347]. A partir de 60 ans, 90.7% des hommes sont mariés, contre seulement 52.3% des femmes. Enfin, 6.9% des seniors sont veufs ou divorcés, contre 45.1% chez les femmes.

Le veuvage est donc doublement féminin en Tunisie : d'abord parce que l'allongement dissymétrique de la durée de vie conduit de nombreuses femmes à finir leur vie seules, mais également du fait de cet insidieux interdit social de se remarier, interdit non exprimé mais oh combien ressenti !

Par ailleurs, les veuves âgées bénéficient de ressources financières plus réduites que les veufs du même âge. Il est vrai qu'une batterie de textes législatifs et réglementaires, aussi bien dans le secteur privé que public, a permis d'étendre la couverture sociale à près de 87% de la population active occupée[348]. Toutefois, les femmes restent largement défavorisées par rapport aux hommes, du fait qu'elles sont moins présentes sur le marché du travail officiel, et qu'elles exercent plus souvent des activités qui restent encore traditionnellement hors du champ de la couverture sociale,

---

[346] Guessous Soumaya (Naaman), *Printemps et automne sexuels*, Eddif, Casablanca, 2000
[347] Institut National des Statistiques, *Recensement Général de la Population et de l'Habitat 2014*, Tunis, INS, 2015
[348] En Tunisie, la couverture sociale relève du système bismarckien, c'est à dire qu'elle est contributive et à base exclusivement professionnelle

telles que l'agriculture, l'artisanat, le petit commerce, l'aide à domicile,...

Les Tunisiennes âgées compensent toutefois cet enlisement dans le veuvage et la précarité économique par des stratégies d'intégration familiale plus efficaces. Le psychologue tunisien Mustapha Nasraoui écrit ainsi : « Lorsqu'elle perd son mari, la vieille femme veuve s'intègre facilement dans sa propre famille ou dans celle de son mari mais le vieil homme devenu veuf passe par une période d'adaptation difficile qui risque de durer et de poser de nombreux problèmes à son entourage[349] ».

Mustapha Nasraoui fait certainement référence, sans les mentionner explicitement, aux comportements asociaux plus marqués chez les personnes âgées de sexe masculin : prise de distance avec ses proches, rejet du mode de vie de « la jeunesse corrompue », séquelles d'une inadaptation à la mise à l'écart professionnelle, problèmes de communication,...

Concrètement, on peut mesurer ce différentiel de genre dans l'intégration, à travers la fréquence des visites des proches aux âges élevés, qui sont sensiblement plus élevées chez les femmes que chez les hommes. A partir de 65 ans, 66.9% des femmes recevaient une visite quotidienne d'un proche, contre seulement 61.8% chez les hommes[350].

Certes, la fréquence des visites est un critère important, qui permet d'estimer le degré de sociabilité, mais il reste insuffisant. Le sociologue français Marcel Drulhe objecte ainsi, avec raison d'ailleurs : « On peut faire l'hypothèse que la qualité des relations qui se nouent dans le cadre d'un mode déterminé de sociabilité est très importante : des relations familiales denses mais tendues n'empêchent pas l'apparition d'un sentiment de solitude, alors que l'isolement de vieux par ailleurs bien insérés dans leur environnement ne s'accompagne pas d'un tel sentiment (ils aiment au contraire se retrouver

---

[349] Nasraoui (Mustapha), *La vieillesse dans la société tunisienne*, Paris, L'Harmattan, 2003, p. 41
[350] Institut National de la Santé Publique, *Enquête nationale médico-sociale sur l'état de santé et les conditions de vie des personnes âgées de 65 ans et plus vivant à domicile*, Tunis, INSP, 1996

seuls, après avoir parcouru tout ou partie de leur réseau de relations dans le quartier ou le village)[351] ».

Il est vrai que recevoir des visites fréquentes de la part de ses proches ne suffit point pour égayer la vie d'une vieille femme, et notamment lorsque ces visites ne sont pas mues par des sentiments sincères. On sait que des femmes âgées sont parfois littéralement harcelées par leurs enfants et petits-enfants, pour régler des problèmes d'héritage, vendre une maison, un terrain, ou encore les parts sociales d'une entreprise familiale.

Notons pour clore ce chapitre que le veuvage féminin peut également concerner des jeunes femmes. En 2014, il y avait ainsi 6700 veuves âgées de 15 à 34 ans[352]. Certes, elles n'étaient guère nombreuses, et on peut supposer que beaucoup se sont remariées depuis, et notamment les plus jeunes, qui n'ont pas encore eu l'opportunité d'avoir des enfants. Ce qu'il faut surtout souligner ici, c'est que les jeunes veufs étaient beaucoup moins nombreux, à peine 1400.

Le ratio de masculinité du « jeune veuvage » était donc de l'ordre de 0.2, c'est-à-dire qu'il y avait cinq fois plus de jeunes veuves que de jeunes veufs. Ce phénomène s'explique probablement par la surmortalité masculine qui caractérise les jeunes adultes, ces derniers étant bien plus exposés à des causes de décès prématurés, tels que les accidents de la route ou les suicides. Nous y reviendrons en fin d'ouvrage.

La prise en charge

Le tableau suivant indique la prise en charge des seniors par leurs descendants, selon le sexe :

---

[351] Drulhe (M.), « Conditions de travail, modes d'existence et intelligibilité de la santé des aînés depuis 5 ans. Mise en perspective et en prospective », in *Les cahiers de l'INED n°147, La santé aux grands âges. Actes du séminaire de Poigny-la-Forêt, L'état de santé des aînés : évolutions depuis 25 ans et interprétations* 2002, p. 93
[352] Institut National des Statistiques, *Recensement Général de la Population et de l'Habitat 2014*, Tunis, INS, 2015

Prise en charge des seniors par un membre de la famille, Tunisie, 2014

Age	Hommes (%)	Femmes (%)	Ratio de masculinité
60-64	8.4	27.3	0.31
65-69	9.2	29.7	0.31
70-74	11.5	34.2	0.34
75-79	14.8	40.2	0.37
80-84	20	45.7	0.44
+85	28.6	53.7	0.53
Total	12.3	34.2	0.36

(Source : Recensement Général de la Population et de l'Habitat 2014)

On voit ici que plus les femmes vieillissent et plus elles ont tendances à être prises en charge par leurs familles, ce qui est somme toute naturel, d'autant plus que les réseaux d'entraide familiale restent forts en Tunisie, malgré un individualisme naissant.

Ce qui est plus étonnant, c'est de constater que les femmes âgées sont plus souvent prises en charge que les hommes, trois fois plus jusqu'à l'âge de 85 ans. Une explication possible pourrait tenir au fait que les femmes de moins de 85 ans sont plus souvent veuves, et bénéficient donc de plus de sollicitude. Les hommes du même âge sont plus souvent mariés à des femmes moins âgées, qui ont de plus grandes probabilités d'être survivantes. Ils sont donc soutenus par leurs épouses. De ce point de vue, il devient donc moins nécessaire de prendre en charge un grand-père encore marié, qu'une grand-mère veuve.

Même cause, mêmes effets, on constate ensuite que la différence de prise en charge entre les deux sexes a tendance à s'amoindrir lorsque les seniors avancent en âge. En effet, les personnes qui survivent à 80 ans, qu'elles soient encore en couple ou non, nécessitent de toute manière davantage d'assistance. Par ailleurs, au-delà de 80 ans la probabilité que les hommes soient devenus veufs, et donc nécessitent une attention particulière, devient bien plus élevée.

Un fait étonnant est ressorti du recensement de 2014 : la prise en charge des femmes âgées par leurs familles varie peu en fonction du milieu : en milieu urbain, 33.6% des femmes âgées de plus de 60 ans sont prises en charge, contre 35.5%

dans les campagnes[353]. La solidarité intergénérationnelle ne semble pas significativement plus ancrée dans les campagnes.

---

[353] Institut National des Statistiques, *Recensement Général de la Population et de l'Habitat 2014*, Tunis, INS, 2015

Chapitre XII
MOURIR FEMME

La mort est notre lot à tous, hommes ou femmes. Cependant, de même que les comportements démographiques féminins sont spécifiques, les circonstances de la mort d'une femme diffèrent de celles des hommes. Voyons cela de plus près.

Mortalité et genre : un modèle universel ?

Le genre semble constituer un critère de différenciation particulièrement fort en matière de mortalité. En effet, les deux sexes sont soumis à des lois de mortalité différentes, du fait de différences génétiques, mais également – surtout, devrait-on dire – de différences sociales, culturelles et économiques qui existent entre hommes et femmes. Ces différences se traduisent par des comportements différents, aux niveaux de l'alimentation, des loisirs, de la manière de conduire une voiture, et finalement par une inégale exposition aux différents risques de mortalité.

Il est généralement admis, et de nombreuses études démographiques l'ont largement démontré, que les femmes vivent plus longtemps que les hommes. Nous avions eu l'occasion de le souligner dans le chapitre précédent, cela se traduit par une espérance de vie à la naissance féminine plus longue, et une surmortalité générale des hommes.

Le démographe américain David Shapiro avait même réussi à démontrer, dès le début des années 1950, l'existence d'une surmortalité masculine intra-utérine[354]. Ses travaux avaient abouti à la conclusion qu'il y aurait 140 conceptions masculines pour 100 féminines ; or on sait que le ratio de masculinité à la naissance varie autour d'une valeur de 1.05[355] –

---
[354] Shapiro (David), *Comparison of prematurity and perinatal mortality in a general population*, 1985, pp. 170-187
[355] Phénomène universellement observé quoique resté sans explication convaincante

il est de 1.06 en Tunisie – ce qui signifie que, entre la conception et la naissance d'un être humain, une sélection est déjà opérée. Une observation plus approfondie a néanmoins montré que la surmortalité masculine varie avec l'âge, atteignant des maxima en période néonatale puis durant l'adolescence. Ainsi, si les bébés de sexe féminin semblent plus résistants, en revanche la surmortalité masculine généralement observée autour de 18-25 ans est due à des causes exogènes, telles que la mortalité routière, les accidents du travail, l'alcoolisme, le tabagisme, et d'une manière générale un comportement masculin engendrant davantage de risques de mortalité.

Certains auteurs, dont Dominique Tabutin[356], avaient au contraire relevé durant les années 1970-1980 une surmortalité des petites filles dans les pays du Maghreb. Le démographe belge avait avancé l'hypothèse que la préférence accordée aux bébés de sexe masculin, et qui se traduit par de meilleurs soins et une alimentation plus équilibrée, compenserait très largement les effets de la nature.

Qu'en est-il en Tunisie ? L'Institut National des Statistiques estime que 65743 Tunisiens étaient décédés en 2015[357], auxquels il faudrait rajouter 2268 mort-nés[358]. Parmi eux, on dénombre 37821 hommes et 27922 femmes. Il existe ainsi une très nette surmortalité masculine, le ratio de masculinité des décès atteignant 1.35. Cela rééquilibre quelque peu la surmasculinité des naissances en Tunisie – elle était de

---

[356] Tabutin (D.), « La surmortalité féminine en Afrique du nord », in *Population* n° 4, Institut National d'Etudes Démographiques, 1991, pp. 836-841
[357] Les statistiques tunisiennes de mortalité sont fiables, car le taux de déclaration des décès est très élevé en Tunisie, de l'ordre de l'unité
[358] Selon la définition officielle de l'OMS, un mort-né correspond au « décès d'un produit de conception lorsque ce décès est survenu avant l'expulsion ou l'extraction complète du corps de la mère, indépendamment de la durée de gestation. Le décès est indiqué par le fait qu'après cette séparation, le fœtus ne respire pas et ne manifeste aucun autre signe de vie tel que battement de cœur, pulsation du cordon ombilical ou contraction effective d'un muscle soumis à l'action de la volonté ». Dans certaines circonstances, par exemple en cas d'accouchement en milieu non assisté, il n'est pas clair s'il s'agit d'un mort-né ou d'un faux mort-né, c'est-à-dire un bébé né vivant et décédé immédiatement après la naissance

1.06 en 2014 – et explique surtout l'existence permanente de ces cohortes de veuves en fin de vie, que nous avions évoquées *supra*. Ces résultats semblent en conformité avec les résultats rapportés dans la littérature scientifique internationale. La mortalité de la femme tunisienne présente toutefois certaines spécificités.

L'espérance de vie des Tunisiennes

Dans le cadre d'un précédent travail de recherche[359], nous avions élaboré des tables de mortalité pour chaque sexe en Tunisie, exercice difficile car basé sur des données plus ou moins certaines, et surtout insuffisamment détaillées.

En mettant à jour ces données, nous avons été en mesure de calculer des espérances de vies pour chaque sexe, pour l'année 2016.

Table de mortalité féminine, Tunisie, 2016

Age	Espérance de vie hommes	Espérance de vie femmes	Ecart femmes-hommes
00-00	74	78.4	4.4
01-04	74.9	79	4.1
05-09	70.8	74.8	4
10-14	65.5	69.4	4
15-19	60	64	4
20-24	54.8	58.6	3.8
25-29	49.7	53.3	3.6
30-34	44.5	47.8	3.2
35-39	39.4	42.5	3
40-44	34.3	37.3	2.9
45-49	29.4	32.1	2.7
50-54	24.6	27	2.4
55-59	20.1	22.1	2.1
60-64	15.6	17.3	1.6
65-69	11.5	12.7	1.2
70-74	8	8.7	0.8
75-79	4.4	4.5	0.1
80 et +	-	-	

---

[359] Bouhdiba (Sofiane), *La mortalité urbaine en Tunisie*, Tunis, Centre de Publication Universitaire, 2012

On voit clairement que, à tous les âges, une Tunisienne peut espérer vivre plus longtemps qu'un homme du même âge. A la naissance, l'écart est de quatre années et demie, ce qui est loin d'être négligeable. Cela s'explique par un comportement plus à risque chez les hommes : tabagisme, alcoolisme[360], conduite automobile, travaux pénibles,...

Plus mesurée, plus assidue en ce qui concerne la consommation des services médicaux, ou peut-être douée d'un mystérieux instinct de survie, la Tunisienne semble avoir de meilleures capacités à échapper aux risques de mortalité évitable, telles que les maladies infectieuses et parasitaires, les accidents de la route ou les accidents du travail. Et elle a le temps de vieillir. Le ratio de masculinité de la population des seniors est d'ailleurs à peu près stable depuis des décennies, oscillant autour d'une valeur de 0.8, c'est-à-dire qu'il y a toujours environ 23% de femmes de plus que d'hommes à partir de 65 ans.

Cette surfémininité des personnes âgées s'explique par le différentiel d'espérance de vie, clairement en faveur des femmes. Une telle situation n'est pas propre à la Tunisie, nous avons eu l'occasion de l'observer dans la plupart des sociétés dans le monde. Les vieilles dames tunisiennes doivent alors faire face à des risques intrinsèques aux grands âges, voire aux très grands âges. Mais de quoi meurent-elles, finalement ? C'est ce que nous tenterons d'expliquer dans le dernier chapitre de cet ouvrage.

Le bénéfice des femmes tend toutefois à décroître avec le temps : plus on avance en âge, et plus l'écart d'espérance de vie, toujours à l'avantage des femmes, se réduit comme une peau de chagrin, jusqu'à devenir négligeable à partir de 70 ans. Vers la fin de leur vie, les seniors, qu'ils soient hommes ou femmes, ont à peu près les mêmes probabilités de survie.

Plusieurs raisons expliquent ce rééquilibrage : d'abord, aux grands âges, la femme, malgré son avantage naturel, finit

---

[360] 99.5% des Tunisiennes âgées de 15 à 50 ans n'auraient jamais consommé d'alcool. Pour plus de détails, voir Institut National des Statistiques, MICS 4, Tunis, INS, juin 2013, p. 129

par « arriver au bout du rouleau », au même titre qu'un homme. Usés, accumulant les séquelles, les polypathologies, les handicaps, les déprimes, les Tunisiens, qu'ils soient hommes ou femmes, finissent par devenir égaux devant leur créateur.

Une autre raison tient au fait que, nous avions eu l'occasion de le souligner *supra*, la période la plus « dangereuse » pour un homme se situe durant l'enfance et l'adolescence, périodes caractérisées par un comportement masculin plus risqué. Une fois passé ce cap, hommes et femmes retrouvent à peu près les mêmes probabilités de survie. Autrement dit, si un homme a réussi à survivre aux accidents de la route, aux accidents cardiovasculaires, aux cancers du poumon, le tout sans avoir cumulé trop de séquelles, il aura gagné le droit de mourir tardivement, au même titre qu'une femme.

La rectangularisation de la courbe de survie des Tunisiennes

En 1980, le médecin américain James Fries posait les bases de la théorie de la « rectangularisation de la courbe de survie[361] », sur la base de travaux antérieurs, réalisés en 1964 par le biologiste Comfort. Fries s'était au départ fixé comme objectif de modéliser le lien existant entre l'espérance de vie et le nombre de survivants par âge dans une population donnée. Il avait finalement abouti à une courbe de survie de forme plus ou moins rectangulaire, d'où le terme « rectangularisation[362] ».

Nous avons souvent été mandaté dans des missions internationales afin de vérifier l'existence de ce schéma dans des populations soumises à de graves crises de mortalité, et notamment au Botswana, en Ouganda ou au Mozambique. Voyons si ce schéma s'applique à la femme tunisienne.

---

[361] Fries (J.), "Aging, natural death and the compression of morbidity, in *New England Journal of Medicine,* 1980, 303 (3), pp. 130-135
[362] Robine (J. M.), « L'évolution de la distribution des durées de vie individuelles », in *Actes du colloque Vivre plus longtemps, avoir moins d'enfants : quelles implications »,* Paris, Presses Universitaires de France, 2002, p. 173

Nous avons porté en abscisse l'âge et en ordonnée le nombre de survivants dans deux cohortes fictives d'hommes et de femmes, en partant d'un nombre arbitraire égal à 100 000 – qui correspond à la racine de la table de mortalité[363]. Nous avons alors obtenu le graphique suivant :

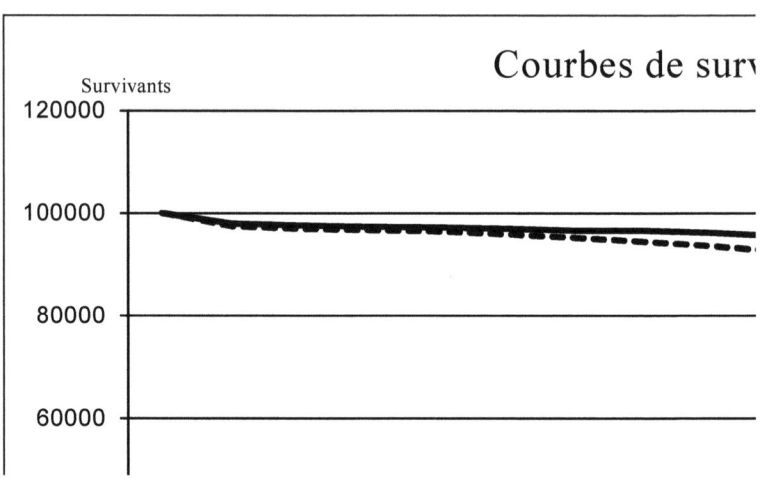

La pente de la courbe de survie des femmes reste très faible, jusque vers l'âge de 60/65 ans, puis augmente brutalement, ce qui dénote une forte concentration des décès féminins aux âges élevés. La surface délimitée par la courbe de survie des femmes et les axes des abscisses et des ordonnées forme une figure grossièrement rectangulaire. Cela nous amène à confirmer l'hypothèse d'une rectangularisation de la courbe de survie des femmes en Tunisie. Autrement dit, les Tunisiennes semblent survivre en masse, jusqu'à l'apparition d'une concentration des décès au-delà de l'âge de 75 ans.

Par ailleurs, ce graphique indique clairement que, jusqu'à l'âge de 40 ans, les courbes de survie masculine et féminine semblent pratiquement superposées. Puis, vers l'âge

---

[363] Pour plus de détails quant à la méthodologie, voir Bouhdiba (Sofiane), *La mortalité urbaine en Tunisie*, Tunis, Centre de Publication Universitaire, 2012

de 40-45 ans, la courbe de survie des hommes plonge brutalement, se démarquant définitivement de celle des femmes.
A partir de 60 ans, les courbes de survie des deux sexes évoluent parallèlement, avec désormais un avantage de 5 ans en moyenne en faveur des femmes. Cela confirme à nouveau la surmortalité masculine que nous avions observée précédemment.

L'espérance de vie sans incapacité des Tunisiennes

Les Tunisiennes vivent de plus en plus longtemps, cela semble indéniable. Une vie plus saine, une approche plus raisonnée des « choses de la vie », ont permis à la femme de grignoter de précieuses années de vie supplémentaires. Bien plus que l'homme, qui d'un certain point de vue en est resté à un stade primaire.

La question qui nous préoccupe ici est alors la suivante : toutes ces années de vie « gagnées » se sont-elles traduites par un surcroît de vie passée en bonne santé, ou au contraire, ne seraient-elles pas, en fait, totalement ou partiellement, des années supplémentaires de maladies ou de handicaps[364] ?

Pour répondre à cette question délicate, nous avons suivi l'évolution dans le temps de deux indicateurs démographiques : d'une part, l'espérance de vie à 65 ans, et d'autre part, l'Espérance de Vie Sans Incapacité (EVSI) au même âge.

L'EVSI procède, comme son nom l'indique, du calcul du nombre d'années de vie sans incapacité, c'est à dire en bonne santé, que peut espérer vivre un individu. Concrètement, il s'agit du nombre moyen d'années que peut encore espérer vivre une personne âgée, tout en étant capable de faire des gestes quotidiens simples, tels que se mettre au lit ou en sortir, s'habiller, se laver, ou encore aller aux toilettes. L'EVSI

---

[364] Selon la définition officielle de l'OMS, un handicapé est « un sujet dont l'intégrité physique ou mentale est passagèrement ou définitivement diminuée soit congénitalement, soit sous l'effet de l'âge, d'une maladie ou d'un accident, de telle sorte que son autonomie, son aptitude à fréquenter l'école ou à occuper un emploi s'en trouvent compromises »

englobe également, dans une acception plus large, la possibilité de faire la cuisine, le ménage ou les courses sans avoir besoin d'une assistance particulière.

A l'instar de l'espérance de vie, l'EVSI peut se calculer à tous les âges, et en particulier au-delà de 65 ans. Le débat sur l'EVSI privilégie l'apport des nouvelles technologies médicales. Ainsi, la médecine moderne a permis à de nombreuses Tunisiennes malades, non seulement de ne pas mourir, mais également de survivre dans de bonnes conditions de santé.

L'exemple qui nous vient à l'esprit est celui des femmes diabétiques ou insuffisantes rénale, qui mènent une vie à peu près normale, en s'intégrant bien dans la société. La possibilité qu'a une femme de vivre sans incapacité est également étroitement liée à l'évolution des comportements, et notamment en matière d'hygiène, de sédentarité, d'alimentation, de tabagisme, d'alcoolisme. Les mêmes raisons qui ont permis aux femmes de vivre plus longtemps devraient leur permettre de vivre une vieillesse en meilleure santé.

Plusieurs écoles de pensée s'affrontent ici : pour les épidémiologistes américains Ernest Gruenberg et Michael Kramer, le recul de la mortalité est la conséquence d'une diminution de la létalité des maladies chroniques, et non au recul absolu de ces dernières, ni à une réduction de leur incidence[365]. Ainsi, en repoussant l'échéance de la mort et en augmentant l'espérance de vie, on provoque l'apparition d'états plus sévères de maladies chroniques. Le risque d'une vieillesse en mauvaise santé est alors systématiquement accru. En effet, une femme atteinte d'une maladie chronique peut être soignée,

---

[365] Gruenberg (E.), « The failure of success », in *Milbank memorial fund quarterly/Health and society*, volume 55, n°1, 1977, pp. 3-24 ; voir également Kramer (M.), « The rising pandemic of mental disorders and associated chronic diseases and disabilities », in *Acta psychiatria scandinavica*, volume 62, 1980, pp. 282-297. Pour une approche plus approfondie, le lecteur pourra également se référer à Olshansky (S. J.), Rudberg (M. A.), « Carnes Bruce A., Cassel Christine A., Brody Jacob, Trading off longer for worsening health: the expansion of morbidity hypothesis », in *Journal of aging and health*, volume 3,c n°2, 1991, pp. 194-216

mais ne pourra jamais vraiment guérir. Tout au plus reculer l'échéance de la mort.

Le médecin américain James Fries pense, au contraire, que l'âge auquel apparaissent les maladies chroniques est progressivement repoussé au maximum, ce qui conduit à un report des épisodes morbides en fin de cycle de vie. C'est la base de sa théorie de la rectangularisation de la courbe de survie, que nous avions examinée précédemment. La période de vie avec handicaps est alors raccourcie, et les individus sont affectés en fin de vie de polypathologies lourdes qui les emportent rapidement.

Une troisième théorie, qui peut être qualifiée d'intermédiaire entre les deux précédentes, a été développée au début des années 1980 par le démographe américain Kenneth Manton. Il s'agit de considérer que le recul de la mortalité serait allé de pair avec un ralentissement du rythme de progression des maladies chroniques, sans pour autant connaître une réduction de leur incidence[366].

Essayons à présent de situer la femme tunisienne vis à vis de ces différents modèles de survie. A partir des données disponibles en Tunisie, nous avons pu estimer l'EVSI comme suit[367] :

---

[366] Manton (K.), « Chancing concepts of morbidity and mortality in the elderly population », in *Milbank memorial fund quarterly/Health and society*, volume 80, n°2, 1982, pp. 183-244

[367] Pour plus de détails quant à la méthodologie mise en œuvre, voir Bouhdiba (Sofiane), *La mortalité urbaine en Tunisie*, Tunis, Centre de Publication Universitaire, 2012 ; voir également Seklani (Mahmoud), *Traité d'analyse démographique approfondie*, tome I, Tunis, Centre de Publication Universitaire, 1999, p. 293

Esperance de Vie Sans Incapacité, Tunisie, 2017

Age	Hommes				Femmes			
	ex	EVSIx	Années vécues en incapacité	Part des années vécues en incapacité (%)	ex	EVSIx	Années vécues en incapacité	Part des années vécues en incapacité (%)
00-00	74	69.9	4.1	5.6	78.4	74	4.4	5.6
01-04	74.9	70.6	4.3	5.7	79	74.5	4.5	5.7
05-09	70.8	66.8	4.0	5.7	74.8	70.7	4.1	5.5
10-14	65.5	60.9	4.6	7.0	69.4	64.7	4.7	6.8
15-19	60	55.9	4.1	6.8	64	59.6	4.4	6.9
20-24	54.8	51.0	3.8	6.9	58.6	54.6	4	6.8
25-29	49.7	45.2	4.5	9.1	53.3	48.4	4.9	9.1
30-34	44.5	40.4	4.1	9.2	47.8	43.5	4.3	9.1
35-39	39.4	35.8	3.6	9.2	42.5	38.6	3.9	9.2
40-44	34.3	31.1	3.2	9.3	37.3	33.8	3.5	9.3
45-49	29.4	26.7	2.7	9.3	32.1	29.2	2.9	9.1
50-54	24.6	21.3	3.3	13.6	27	23.4	3.6	13.2
55-59	20.1	17.4	2.7	13.5	22.1	19.1	3	13.4
60-64	15.6	13.5	2.1	13.4	17.3	15	2.3	13.1
65-69	11.5	6.6	4.9	42.2	12.7	7.3	5.4	42.5
70-74	8	4.6	3.4	41.9	8.7	5.1	3.6	41.5
75-79	4.4	2.5	1.9	42.1	4.5	2.7	1.8	41

Avant de commenter ces résultats, rappelons que Jules Renard se plaisait à dire : « Il n'est pas nécessaire de vivre, mais de vivre heureux ». Encore faudrait-il s'entendre sur la définition du mot « heureux ». Le fait de considérer que vivre heureux, c'est vivre en bonne santé, donne à la notion d'EVSI toute sa raison d'être. C'est pourquoi nous avons jugé opportun de comparer les espérances de vie et les EVSI.

La première observation qui vient à l'esprit est la suivante : avec l'âge, la part des années à vivre en mauvaise santé augmente. A la naissance, une Tunisienne peut ainsi espérer passer seulement 5.6% de sa vie en mauvaise santé, contre 41% lorsqu'elle aura atteint 75 ans. En réalité, les perspectives d'avenir des femmes en matière de santé commencent à s'assombrir à partir de l'âge de 65 ans, puisque c'est désormais quasiment la moitié de la vie qui reste à vivre qui sera entachée de maladies, de handicaps, d'incapacités, de dépendance[368].

Par ailleurs, on constate que pour un senior, la part des années restant à vivre en situation d'incapacité est sensiblement égale pour les deux sexes. Si la femme tunisienne peut espérer vivre plus longtemps qu'un homme, en revanche en termes de qualité de vie – au sens de bonne santé – il y a quasiment égalité entre les deux sexes.

---

[368] Bouhdiba (Sofiane), *Vieillir en Tunisie*, Paris, L'Harmattan, 2017

Chapitre XIII
LES CAUSES DE LA MORTALITE FEMININE

De quoi meurent les Tunisiennes ? C'est ce que nous allons tenter de voir dans ce chapitre final, en commençant par définir ce que l'on entend réellement par « cause de décès ». Et ce n'est guère une tâche aisée.

La cause de décès

Selon l'Organisation Mondiale de la Santé, la cause de décès se définit comme « Toutes les maladies, états morbides ou blessures qui ont abouti ou contribué au décès, ainsi que les circonstances des décès ou des actes de violence qui ont provoqué ces blessures[369] ». La réalité est pourtant bien plus complexe, car la mort d'un être humain procède d'un subtil enchaînement d'évènements, au sein duquel il faudrait faire la distinction entre la cause immédiate, la cause initiale et la cause associée du décès[370]. Un véritable casse-tête pour le médecin légiste.

La cause immédiate est celle posée par le diagnostic clinique du médecin qui constate le décès. S'il s'agit d'un décès par maladie, la cause immédiate correspondra à la phase d'évolution terminale de la maladie, ou à une complication éventuelle. En cas de mort violente, la cause immédiate du décès sera la nature du traumatisme fatal. Le modèle de certificat de décès tunisien, copié de celui français, peut mentionner jusqu'à quatre causes de décès immédiates, l'une consécutive à l'autre. On peut alors se retrouver en présence d'une véritable cascade d'épisodes morbides.

En remontant progressivement la longue chaîne de causalité, il se trouvera nécessairement en amont une cause initiale de décès, que l'on pourra raisonnablement considérer

---

[369] Organisation Mondiale de la Santé, *Classification Internationale des Maladies*, Genève, OMS, 1975.
[370] Pour plus de détail voir, Bouhdiba (Sofiane), *La mortalité urbaine en Tunisie*, Tunis, Centre de Publication Universitaire, 2012

comme l'origine du processus létal. Lorsqu'une femme meurt de maladie par exemple, la cause initiale sera la pathologie qui a entraîné le processus morbide ayant conduit à la mort. En cas de mort violente, il s'agira des circonstances ayant conduit au traumatisme fatal.

La cause associée du décès, quant à elle, regroupe les différents états morbides ou physiologiques, tels que le sentiment de solitude et d'abandon, ayant contribué, même de manière très indirecte, au décès. C'est assurément la cause la plus délicate à cerner lors de l'observation du processus mortel. Il s'agira de rechercher, au-delà des causes cliniques immédiates du décès, les différents facteurs sociaux, culturels, économiques, environnementaux, qui ont interagi dans la plus discrète synergie.

La mort de toute femme doit alors être appréhendée comme une succession d'états morbides, comme le souligne le démographe français Jaques Vallin : « La mort ne peut plus être considérée comme un événement brutal, mais plutôt comme l'aboutissement d'un long processus durant lequel l'individu a souffert, plus ou moins longuement, de maladies ou de handicaps qui, combinés à ses caractéristiques génétiques et physiologiques, ont modifié ses risques de décès[371] ».

Lorsque la mort survient au terme d'une longue vie, il devient alors extrêmement difficile de distinguer les poids relatifs, les « taux de participation » de chaque cause de décès. Jacques Vallin propose d'appréhender le risque de décéder comme une fonction pondérée de tous les risques connus durant le vécu de chaque individu.

Il avance même, dans un souci de modélisation de la cause de décès, plusieurs modalités de pondération : « On pourrait, par exemple, caractériser chaque individu, à âge égal, par un indice moyen de toutes les situations qu'il a traversées. On peut au contraire penser que l'importance des expériences vécues décline à mesure que le temps passe et accorder en conséquence davantage de poids aux expériences les plus récentes. Il est également possible que les conditions et

---

[371] Vallin (Jacques), D'Souza (Stan), Palloni (Alberto), *Mesure et analyse de la mortalité*, Paris, PUF, 1988, p. 351

expériences très récentes n'aient pas eu le temps de peser sur la mortalité, et qu'il faille donc au contraire leur accorder un poids plus faible[372] ».

Malgré ces difficultés d'ordre méthodologique, il faut reconnaître que, depuis le milieu des années 2000, la compilation des causes de décès s'est très nettement améliorée en Tunisie, et on dispose aujourd'hui de statistiques à peu près fiables[373]. Ces dernières doivent toutefois être considérées avec précaution en ce qui concerne les tranches d'âge supérieures, du fait du cumul des polypathologies et de l'imbrication conséquente des causes de décès, mais également de l'existence de trop nombreux cas de *maout tabyya*[374].

Des décès évitables ?

En Tunisie comme ailleurs le profil de mortalité des hommes est dominé par les décès imputables aux pathologies liées aux habitudes de vie et aux comportements individuels à risque, parmi lesquels le tabagisme, l'alcoolisme, et la conduite automobile dangereuse. D'une manière générale, le poids de la mortalité prématurée[375] et des morts violentes est plus important chez les hommes que chez les femmes, respectivement 37.5% contre 29.6%, ce qui est d'ailleurs conforme aux observations faites dans la plupart des sociétés de la planète.

C'est ainsi qu'en 2013, l'épidémiologiste tunisien Said Hajjem estimait que 21.5% des décès prématurés masculins étaient évitables, car directement liés aux habitudes de vie, alors que seuls 8.2% des décès prématurés des femmes auraient pu

---

[372] Vallin (Jacques), D'Souza (Stan), Palloni (Alberto), *Mesure et analyse de la mortalité*, Paris, PUF, 1988, p. 351
[373] Notamment sous l'impulsion de la dynamique Unité de recherche sur le vieillissement et les causes médicales de décès, organe dépendant de l'Institut National de la Santé Publique (INSP)
[374] Mort naturelle
[375] C'est-à-dire qui auraient pu être évitées, compte tenu des connaissances du moment sur les facteurs de risque et les facteurs déclenchants des maladies, des avancées en matière de pratiques médicales, et notamment en matière de dépistage précoce, et d'une manière générale de de l'organisation du système de santé publique. Plus concrètement, on considère que ce sont les décès avant l'âge de 65 ans

être évités[376]. Encore faudrait-il s'entendre ce que signifie un « décès évitable ». L'Homme étant *moriturus*, le risque de décès reste absolu à terme. Vladimir Jankélévitch écrivait ainsi : « Le mortel, bien avant d'être moribond, est *moriturus*, c'est à dire destiné à mourir ; dès l'instant de sa naissance, le vivant est tel qu'il doit mourir ; dès l'origine, sa constitution et le rythme même de son existence, la succession des âges de la vie et les grandes transformations biologiques de l'organisme sont accordées sur la durée limitée impartie à l'espèce humaine[377] ».

Les décès peuvent être évitables car liés à des comportements à risque : ne pas fumer par exemple, à défaut de rallonger la vie, réduit très probablement le risque de mourir d'un cancer du poumon. De tels sursis concernent surtout les hommes. D'autres décès sont évitables car liés au système de soins, et ils ne représentent pas moins de 36% des décès prématurés en Tunisie en 2013[378]. Contrairement à la mortalité prématurée liée aux habitudes de vie, les décès prématurés imputables à un dysfonctionnement du système de soins sont significativement plus fréquents chez les femmes : 40.9% contre 31.5% chez les hommes.

Cela s'explique probablement par la plus grande incidence des maladies cardiovasculaires, du diabète et du cancer du sein chez les Tunisiennes. Ces pathologies, pour être évitées, nécessitent un accès précoce et régulier à un service de soins de qualité. La plus grande fragilité sociale des femmes âgées, l'isolement, le veuvage, les difficultés financières, une moins bonne couverture sociale, sont autant de facteurs qui freinent l'accès à un service de santé publique efficace. Autrement dit, les femmes sont plus souvent victimes que les hommes d'un accès difficile aux services de soins.

---

[376] Hajjem (Said), *Le système national d'information sur les causes médicales de décès : entraves spécifiques, synthèse des principaux résultats de l'année 2013 et perspectives*, Tunis, Institut National de la Santé Publique, 2015, p. 70
[377] Jankélévitch (Vladimir), *La mort*, Paris, Flammarion, 1977, p. 92
[378] Hajjem (Said), *Le système national d'information sur les causes médicales de décès : entraves spécifiques, synthèse des principaux résultats de l'année 2013 et perspectives*, Tunis, Institut National de la Santé Publique, 2015, p. 93

Les femmes sans emploi ou n'ayant pas cotisé le nombre de jours nécessaires[379] sont systématiquement affiliées avec le mari ou le père, « le chef de famille », qui détient le carnet de soins. Dans les campagnes notamment, les femmes sont souvent dépendantes du bon vouloir du détenteur du sésame, qui refuse parfois d'en faire bénéficier, à titre de représailles. Pour cette raison, le ministère des Affaires Sociales délivre désormais un duplicata du carnet de soins aux femmes qui en font la demande[380].

A l'instar de la plupart des pays développés, la Tunisie est aujourd'hui en phase finale de la transition épidémiologique. Selon cette théorie, développée en 1971 par Abderahmen Omran[381], les maladies infectieuses et parasitaires, ainsi que les maladies de carence, représentaient la principale cause de décès dans le monde, puis ont fortement reculé, et même disparu dans certaines contrées du globe, pour laisser la place à de « nouvelles » pathologies. Sous l'effet du développement économique et social, de la vulgarisation de la médecine, et des changements de modes de vie, les maladies cardiovasculaires et le cancer sont ainsi devenus des causes de décès majeures.

A propos de ces pathologies nouvelles, le géographe français Henry Picheral précise que « Elles ne sont nouvelles que parce qu'elles ne surviennent et ne tuent qu'à partir d'un certain âge. Paradoxalement, c'est l'augmentation de l'espérance de vie qui a révélé ces causes de décès !

---

[379] Pour bénéficier de la Caisse Nationale de Sécurité Sociale, il faut justifier d'une période d'activité minimale de 45 jours, afin de comptabiliser un trimestre. L'activité agricole étant saisonnière et dispersée entre plusieurs exploitants agricoles, la plupart des femmes sont ainsi systématiquement exclues du système de sécurité sociale
[380] Ben Jemia (Monia), *Etat des lieux des inégalités et de la discrimination dans la législation tunisienne*, Tunis, Centre de Recherches, d'Etudes, de Documentation et d'Information sur la Femme, février 2016, p. 44
[381] Omran (A.), "The epidemiologic transition : a theory of the epidemiology of population change", in *The Milbank memorial fund quarterly* N° 49/4, 1971, pp. 509-538

Auparavant, on mourait jeune, avant même que ces maladies n'aient eu le temps de se développer[382] ».

Il est vrai, comme le souligne Picheral, que l'on mourait jeune autrefois, en Tunisie plus qu'ailleurs, du fait notamment de l'irrégularité, voire l'absence de vaccination. La mortalité infantile est toutefois encore d'actualité.

La mortalité infantile féminine

Du point de vue de la mortalité infantile, la première année de vie d'une fille peut être scindée en plusieurs sous-périodes. L'une d'entre elles représente, en particulier, une étape importante dans la vie du nouveau-né : il s'agit de la période néonatale, qui correspond au premier mois de vie. Pour mieux comprendre ce qui se produit lors des trente premiers jours, nous allons tenter de modéliser la répartition de la mortalité infantile féminine.

Parmi les procédés permettant une telle analyse, nous en avons retenu un qui, bien que relativement ancien, nous semble intéressant à tous points de vue, et notamment lorsque des données très détaillées manquent : il s'agit du procédé graphique de Jean Bourgeois-Pichat[383].

Il n'existe pas encore en Tunisie de statistiques nationales détaillant le moment exact de survenue des décès infantiles, et encore moins les décès néonataux[384]. Pour pallier ce manque de données, nous avons tenté de synthétiser les résultats obtenus lors de différents travaux de terrain effectués auprès d'hôpitaux et de morgues en Tunisie, entre 2010 et aujourd'hui. Nous avons ainsi pu estimer la répartition des décès infantiles de la manière suivante :

---

[382] Picheral (H.), « Géographie de la transition épidémiologique », in *Annales de géographie* n° 546, CNRS-Armand Collin, 1989
[383] Procédé mis au point par le démographe français éponyme. Pour plus de détail, voir Bourgeois-Pichat (J.), « La mesure de la mortalité infantile. Principes et méthodes », in *Population*, 6-2, Institut National d'Etudes Démographiques, 1951, pp. 233-248
[384] Décès durant le premier mois de vie, et plus exactement avant le 28ème jour

Répartition par âge des décès infantiles, 2010-2018

Age (jours)	Proportion des décès (%)	
	Garçons	Filles
0-7	47.2	26.7
8-28	20.7	14.9
29-90	10.8	12
91-180	10.5	28.1
181-365	10.8	18.3
Total	100	100

(Source : estimations de l'auteur)

Il est vrai que ces chiffres ne sont que des estimations, construites à partir de données éparses dans l'espace et dans le temps. Elles auront toutefois le mérite d'être des données de terrain, reflétant une certaine réalité de la mortalité infantile en Tunisie. Ce qui conforte notre confiance en ces estimations, c'est le fait que les mêmes tendances ressortent à peu près dans tous les hôpitaux enquêtés.

Les chiffres indiquent clairement que la mort ne frappe pas de la même manière les garçons et les filles. La première semaine de vie - qui correspond à la mortalité néonatale précoce - est beaucoup plus létale pour les nouveau-nés de sexe masculin. En effet, près de la moitié des décès de nourrissons garçons ont lieu durant la première semaine de vie, contre seulement un peu plus du quart pour les bébés féminins.

La mortalité infantile féminine a ainsi tendance à se concentrer au-delà des trois premiers mois de vie, période funeste où quasiment la moitié de nouveau-nées décèdent, alors même que les garçons survivants semblent désormais hors de danger.

L'application du procédé graphique de Jean Bourgeois-Pichat à ces statistiques de décès infantiles s'est faite de la manière suivante : nous avons porté en abscisse la fonction $Log^3(N+1)$, et en ordonnée les décès infantiles cumulés depuis la naissance dans notre modèle, ce qui nous a permis d'obtenir quatre points pratiquement alignés et formant une droite.

Puis, en prolongeant cette droite jusqu'à l'axe des ordonnées, il nous a été possible de déterminer graphiquement les coordonnées du point A, dont l'abscisse détermine le nombre de décès endogènes, c'est-à-dire liés à la constitution de l'enfant. Les résultats suivants ont été obtenus :

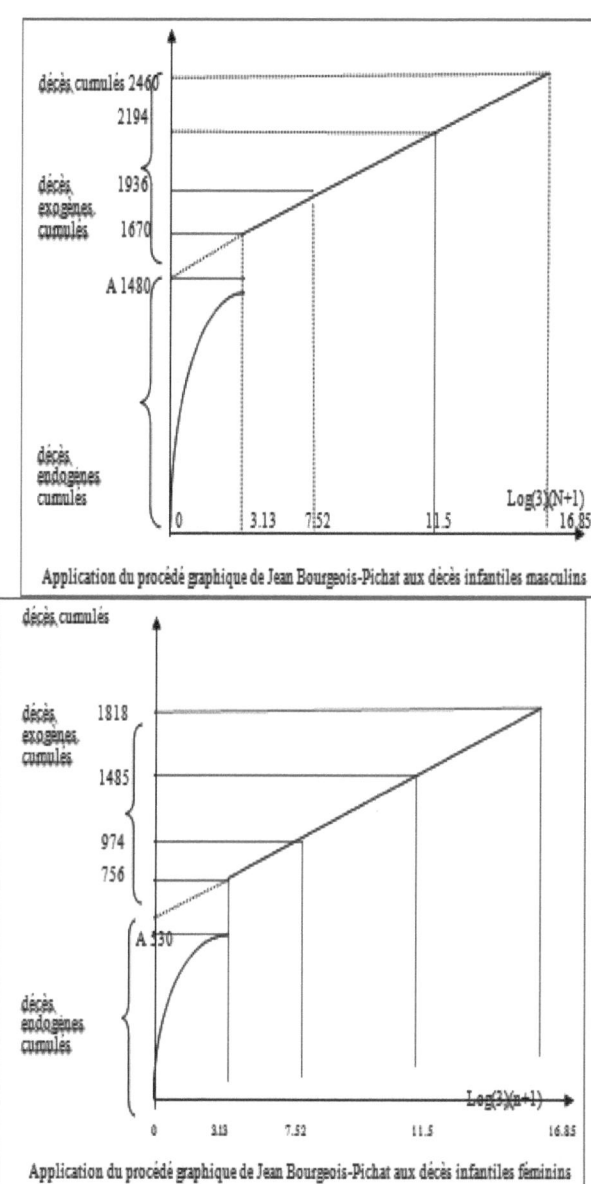

Application du procédé graphique de Jean Bourgeois-Pichat aux décès infantiles masculins

Application du procédé graphique de Jean Bourgeois-Pichat aux décès infantiles féminins

Nous en déduisons que 60.2% des décès infantiles masculins sont endogènes, c'est-à-dire de nature intrinsèque, et 39.8% sont exogènes, causés par l'environnement. La même méthode donnera, pour les filles, un résultat inverse, à savoir que 29.2% des décès infantiles féminins sont endogènes, et 70.8% exogènes.

Les proportions sont donc pratiquement opposées entre les garçons et les filles : la majeure partie (60.2%) des décès infantiles masculins sont de nature endogène, alors que pour les petites filles, les décès sont essentiellement (70.8% des cas) de nature exogène. Cela s'explique probablement par la plus grande fragilité des bébés de sexe masculin, qui meurent plus souvent pour des raisons liées aux circonstances de l'accouchement ou leur mauvaise constitution physique.

Pour les nouveau-nés de sexe féminin en revanche, il semblerait que les causes de décès soient davantage liées à l'environnement, c'est à dire l'hygiène, la nutrition ou la pertinence des soins. Le démographe belge Dominique Tabutin avait mis le doigt sur ce point il y a quelques années déjà[385], nous ne faisons donc que confirmer la persistance du phénomène.

Ce résultat, surprenant il est vrai, serait lié au fait que, dans certains milieux populaires, dans les campagnes notamment, les bébés de sexe masculin bénéficient d'un peu plus d'attention : on fera plus facilement l'effort d'emmener le bébé au dispensaire si c'est un garçon, de même que la nourriture sera d'une meilleur qualité pour le *rajjel*[386].

Ce qui nous amène à constater encore une fois que le combat des Tunisiennes commence au berceau. Les femmes qui survivent à leur première année vont devenir mères à leur tour, ce qui va alors les exposer à des risques de mortalité spécifiques.

La mortalité maternelle

---

[385] Tabutin (Dominique), *Evolution comparée de la mortalité en Afrique du Nord de 1960 à nos jours*, Louvain, Université Catholique de Louvain, 1990 ; voir également Tabutin (D.), *La surmortalité féminine des petites filles dans le Sud*, Louvain, Université Catholique de Louvain, 1993, et Tabutin (D.), « La surmortalité féminine en Afrique du nord », in *Population* n° 4, Institut National d'Etudes Démographiques, 1991, pp. 836-841
[386] Petit homme

En Tunisie, la mortalité maternelle[387] a fortement chuté depuis le milieu des années 1950. Plusieurs raisons à cela. D'abord, l'effort du jeune gouvernement du Président Habib Bourguiba, qui avait lancé dès les premières années d'indépendance du pays, une politique de protection maternelle et infantile, avec les moyens du bord. Tout commence en 1959, avec la construction des premiers centres de Protection Maternelle et Infantile (PMI). En 1966, le ministère de la Santé lance un vaste programme de planning familial, qui va très largement contribuer à réduire la fécondité et, d'une manière mécanique, la mortalité maternelle et infantile : moins d'accouchements signifie aussi moins de risques de décéder en couches, de même que l'espacement des naissances favorise une moindre destruction, à terme, de l'organisme des femmes.

Car, ne l'oublions pas, même si on ne parle plus de décès maternel au-delà de 42 jours après l'accouchement[388], la mise au monde d'un enfant reste indéniablement un traumatisme, dont les séquelles peuvent contribuer à favoriser des complications aiguës et invalidantes, telles que anémie, inflammations pelviennes, stérilité, incontinence, prolapsus utérin, fistule vésico-vaginale. Les séquelles d'accouchements cumulés peuvent également contribuer à causer un décès prématuré bien plus tard dans la vie d'une femme.

Au début des années 1980, les services de santé maternelle sont intégrés dans les Soins de Santé de Base[389] (SSB), ce qui revient à leur accorder une priorité absolue dans la hiérarchie des services médicaux, et à leur assurer un rayonnement, au plus profond des campagnes. Enfin, dernière étape de la stratégie de lutte contre la mortalité maternelle, le

---

[387] Selon l'Organisation Mondiale de la Santé, il s'agit des décès des suites de conséquences obstétricales directes ou indirectes, pendant la grossesse ou lors des 42 jours suivant l'accouchement
[388] Un sinistre proverbe algérien, que nous avons entendu dans les villages frontaliers de la région de Babouche, dit que « La tombe de l'accouchée est ouverte jusqu'au quarantième jour »
[389] En Tunisie, la santé de base couvre les prestations sanitaires à caractère préventif et curatif ainsi que l'éducation sanitaire : traitement des maladies, protection maternelle et infantile, vaccination, médecine scolaire,...

Programme National de Périnatalité (PNP) est lancé en grandes pompes en 1990.

En 2011, le Programme National de Périnatalité avait pour objectif d'améliorer la couverture périnatale dans tous les gouvernorats, même ceux à caractère rural marqué. Il s'agissait notamment d'atteindre un taux de 100% d'accouchements en milieu assisté, et d'améliorer les taux de consultation prénatale.

Concrètement, les accouchements non assistés par un personnel qualifié sont devenus de plus en plus rares, de l'ordre de 4% au niveau national. L'expression « accoucher sous l'olivier », populaire il y a quelques décennies à peine, fait désormais partie du folklore tunisien. Elle amuse nos étudiants, dont les parents étaient pourtant, pour les plus âgés, nés « en plein air ».

Plusieurs raisons expliquent la concentration des pratiques d'accouchement à domicile dans les campagnes tunisiennes : le manque de moyen des femmes, l'éloignement des maternités[390], la mauvaise infrastructure routière, mais également la culture du *sotr*[391]. C'est ainsi que de nombreuses femmes préfèrent accoucher dans un milieu qui leur est familier, entourées de leurs proches, et en particulier leurs mère, sœurs, tantes, voisines.

C'est d'ailleurs à peu près la même raison qui pousse aujourd'hui les habitants du milieu rural à préférer mourir chez eux, plutôt qu'à l'hôpital. De même que la mort institutionnalisée effraie encore les paysans tunisiens[392], il semblerait que la naissance à l'hôpital ait encore du mal à entrer dans les mœurs de nos campagnes.

Concrètement, dans les conditions actuelles, le *sotr* ne saurait être garanti que par l'intervention d'un personnage, central dans les communautés rurales : la *qabla* traditionnelle, sorte de sage-femme rebouteuse, à qui l'âge avancé, la

---

[390] Dans le gouvernorat de Gafsa, la distance moyenne à un hôpital régional est de 36 km, et à Sidi Bouzid elle est de 44 km. Pour plus de détails, voir Ministère de la Santé, Direction des études et de la planification, *Carte sanitaire 2011*, Tunis, mai 2013, p. 58
[391] L'intimité
[392] Bouhdiba (Sofiane), *La mortalité urbaine en Tunisie*, Tunis, Centre de Publication Universitaire, 2012

corpulence et le savoir empirique localement reconnu, semblent conférer une certaine crédibilité. Il faut noter toutefois que ces femmes, âgées et non remplacées, sont aujourd'hui en voie de disparition. Nous avons eu l'occasion d'en rencontrer quelques-unes au cours de nos travaux de terrain dans les campagnes tunisiennes… Il faut reconnaître que le personnage marque les esprits.

Signalons d'emblée que cette recherche de l'intimité dans l'accouchement à domicile n'est point une spécificité des pays du Sud, et encore moins des sociétés arabo-musulmanes, ou méditerranéennes. En effet, le phénomène existe encore, quoique d'une manière concentrée, dans certaines communautés, dans quelques pays occidentaux. Aux Etats-Unis, par exemple, les Etats de l'Oregon et du Vermont (respectivement au Nord-Ouest et au Nord-Est du territoire) affichent les taux d'accouchement à domicile les plus élevés du pays, de l'ordre de 2.5%[393]. En Oregon, en 2013 sur 80 000 naissances, 2 000 ont eu lieu à domicile.

De tels comportements reproductifs sont liés à une volonté de certaines mères d'accoucher dans des « conditions écologiques ». Le phénomène, qui pourrait être assimilé à une mode, est désigné sous le terme de *cocooning*, attitude consistant à se trouver si bien chez soi que l'on ne veut pas sortir, même pour des actes d'importance, tels qu'accoucher[394].

En Tunisie, le pourcentage des accouchements non assistés par un personnel sanitaire qualifié a chuté de 15.8% en 1994 à seulement 1.4% aujourd'hui. Il s'agit là de l'un des Objectifs du Millénaire du Développement qui avait été le plus complètement atteint par la Tunisie. Une fierté pour un pays en développement. Toutefois, de grandes disparités existent encore entre citadines et paysannes. Si seulement 0.3% des

---

[393] Snowden (M. J.), Ellen (L. T.), Snyder (J.), Quigley (B.), Caughey (A. B.), Cheng (W. Y.), « Planned out-of-hospital birth and birth outcomes », in *New England Journal of Medicine* n°373, 31 décembre 2015, pp. 2642-2653

[394] Notons que, au moment même où nous rédigeons ces lignes, une gynécologue privée établie à Tunis, nous a informé du désir de l'une de ses patientes, de nationalité américaine, d'accoucher à domicile, quoique sous contrôle médical

accouchements en milieu urbain ne sont pas assistés, ce taux reste tout de même de 3.1% dans les campagnes[395].

En même temps qu'il a été réduit, l'accouchement à la maison semble s'être concentré dans quelques poches de pauvreté rurale. A Sidi Bouzid par exemple, le taux d'accouchements à domicile varierait de 10%[396] à 12.6%[397], selon les sources. Certaines sages-femmes que nous avons consultées dans les maternités de Sidi Bouzid avaient même avancé le chiffre alarmant de 15%.

Hormis ces poches de traditions nuisibles, qui fort heureusement restent minoritaires, le ratio de mortalité maternelle en Tunisie est relativement faible, de l'ordre de 36 décès maternels pour 100000 naissances vivantes[398]. On considère toutefois, depuis la fin des années 2010, que 84% des décès maternels sont encore évitables, car liés à un « défaut de prise en charge ». Dans le jargon médical, cela signifie que la mère est décédée parce qu'elle a accouché à domicile, « sous l'olivier », ou dans la voiture[399] qui la conduisait à l'hôpital.

Soulignons que, comme c'est le cas dans de nombreux pays, la première cause de mortalité maternelle en Tunisie est l'hémorragie, qui cause environ 44% des décès.

Le cancer du sein

Le développement de la cancérologie a également entraîné une amélioration des diagnostics. De nombreux décès, autrefois imputés à des causes « fourre-tout », telles que la sénilité ou les causes mal définies, sont aujourd'hui attribués avec précision à des cancers localisés. Paradoxalement donc, le

---

[395] Nations Unies, *Objectifs du Millénaire pour le Développement. Rapport National de Suivi*, Tunis, NU, avril 2014
[396] Direction Régionale de la Santé de Base de Sidi Bouzid.
[397] Estimation faite à partir de la lecture de Chirchi (Mounira), *Analyse de la situation de la santé sexuelle et reproductive à Sidi Bouzid*, Tunis, avril 2016
[398] Nous ne sommes plus très loin de la norme internationale, qui est de 25‰₀₀₀
[399] Le plus souvent il s'agit de vieux pick-up, la parturiente étant couchée à même la benne arrière. Comme un sac de pommes de terre

meilleur diagnostic des décès a contribué à gonfler le nombre de décès dus à des tumeurs.

En Tunisie, en 2013, 1285 femmes ont succombé au cancer, ce qui représente 14.8% de l'ensemble des décès féminins. Le cancer du sein représente la première cause de ce que l'on désigne encore, pudiquement et à voix basse, sous l'expression populaire et lourde de sens de « *el mardha el khayba*[400] ». Chaque année, environ 2000 nouveaux cas de cancer du sein sont diagnostiqués. En 2013, 275 femmes sont ainsi décédées d'un cancer du sein, ce qui représente 19.8% de l'ensemble des décès par cancer[401].

Les femmes meurent du cancer relativement tard, puisque seules 10% des victimes ont moins de 50 ans. Environ 20% des décès par cancer se concentrent dans la tranche d'âge 40-49 ans[402]. Aujourd'hui, l'âge moyen de survenue du cancer du sein est d'un peu moins de 50 ans, mais il devrait se stabiliser à un peu moins de 60 ans à l'horizon 2030[403]. On assiste ainsi à une transition du cancer du sein d'une pathologie pré-ménopausique à une maladie post-ménopausique. Il s'agit donc d'une maladie typique des adultes et des jeunes seniors, et son incidence est étroitement liée au vieillissement de la population tunisienne[404].

Le taux d'incidence du cancer du sein est en hausse, car les diagnostics interviennent le plus souvent à un stade tardif : 30% au stade localisé, 40% au stade régional, et 15% à un stade métastatique. Le diamètre moyen clinique au diagnostic se situe autour de 4 cm, ce qui est encore élevé, même s'il était de 5 cm en 1994[405].

Les programmes de communication en faveur d'un dépistage précoce du cancer du sein visent d'ailleurs à réduire la taille moyenne de découverte de la tumeur, d'au moins 2 cm

---

[400] « La mauvaise maladie ». Désignation populaire du cancer en Tunisie
[401] Hajjem (Said), *Le système national d'information sur les causes médicales de décès : entraves spécifiques, synthèse des principaux résultats de l'année 2013 et perspectives*, Tunis, Institut National de la Santé Publique, 2015, p. 53
[402] Institut National de la Santé Publique
[403] Maalej (Mongi), *Les cancers du sein*, Tunis, Kalima, 2015, p. 52
[404] Bouhdiba (Sofiane), *Vieillir en Tunisie*, Tunis, L'Harmattan, 2017
[405] Ministère de la Santé, *Plan pour la lutte contre le cancer en Tunisie 2015-2019*, Tunis, février 2015, p. 6 et p. 11

d'ici 2019[406]. Pour le ministère de la Santé, la priorité est de faire baisser la proportion des tumeurs évoluées, afin de laisser davantage de marge d'action aux cancérologues. La détection précoce, qui devrait être faite chaque année au travers d'un Examen Clinique des Seins (ECS) à partir de l'âge de 30 ans, semble être le meilleur moyen de prévenir le cancer du sein. Pourtant, les ECS ne sont pas systématiquement réalisés, pour plusieurs raisons : la nonchalance d'abord, si caractéristique des populations méditerranéennes. En effet, tant que des douleurs ou des excroissances ne se sont pas manifestées, on a tendance à "laisser aller".

Il est vrai que d'autres types de cancer sont également considérés comme « hautement évitables ». Par exemple, les cancers colorectaux peuvent être évités par un contrôle de la surcharge pondérale. Autre exemple, le cancer du poumon ou de la vessie, qui sont directement liés au tabagisme.

Ainsi, aujourd'hui environ la moitié des Tunisiens adultes fument, contre seulement 8% des femmes. De même, si on considère les jeunes âgés de 13 à 15 ans, 20% des garçons fument, mais seulement 4% des filles. Cela explique en partie pourquoi les femmes sont relativement épargnées par le cancer du poumon. Par ailleurs, si les hommes sont plus souvent de gros fumeurs et fument tous les types de cigarettes, même les terribles « *hallouzi*[407] », en revanche les femmes sont bien plus modérées et fument des cigarettes de meilleure qualité.

Le cancer du sein quant à lui, ne saurait être empêché mais peut être maîtrisé grâce à une détection précoce et à un traitement approprié[408]. S'il est efficace, le traitement en question peut avoir des effets secondaires pour le moins

---

[406] Pour plus de détails, voir Kribi (L.), Sellami (D.), El Amri (A.), Mnif (N.), Ellouze (T.), Chebbi (A.), « Dépistage mammographique du cancer du sein en Tunisie résultats d'une première expérience », in *La Tunisie Médicale*, 81, 2003, pp. 26-33 ; voir également Gharbi (O.), Landolsi (A.), Nouira (M.), Ben Fatma (L.), Bibi (M.), Korbi (S.), « Le cancer du sein chez la femme âgée en Tunisie. Etude rétrospective à propos de 106 patientes de plus de 56 ans », in *La Tunisie Médicale*, 81, 2003, pp. 696-70
[407] Marque de cigarette de piètre qualité, destinée aux soldats. Aujourd'hui mot populaire, synonyme de médiocrité
[408] Ministère de la Santé, *Plan pour la lutte contre le cancer en Tunisie 2015-2019*, Tunis, février 2015, p. 7

indésirables. En effet, certains agents chimio-thérapeutiques employés peuvent causer des troubles de la fertilité, en particulier chez les femmes âgées de plus de 30 ans. Par ailleurs, les cancérologues recommandent à leur patientes d'attendre au moins deux années après leur traitement avant d'envisager une maternité[409].

Il y a quelques années, nous avions eu l'occasion d'encadrer un travail académique centré sur l'épidémiologie du cancer du sein, et l'un des résultats majeurs rapportés par notre étudiante s'était résumé en quelques lignes : « La crainte de subir un retard dans la maternité, voire de perte de fertilité, contribue largement à la détresse émotionnelle vécue par les jeunes survivantes du cancer du sein[410] ».

Cette détresse est ravivée par les « enjeux hypertrophiés » de la maternité dans la société tunisienne, ce que nous avions eu l'occasion de souligner à maintes reprises dans cet ouvrage. D'un point de vue démographique, le cancer du sein est donc doublement contraignant : à défaut de tuer une femme, il risque de l'empêcher de mettre au monde un enfant, ce qui peut la conduire, au travers de mécanismes pervers de discriminations, à une véritable mort sociale.

Plusieurs facteurs de risque de développement du cancer du sein sont aujourd'hui reconnus, et en particulier les antécédents familiaux[411], l'âge avancé, la puberté précoce, la ménopause tardive, la nulliparité[412], l'allaitement et l'obésité.

Les Maladies Cardio-Vasculaires

En Tunisie, quel que soit le sexe, la moitié des décès sont aujourd'hui dus aux maladies cardiovasculaires et aux cancers. La mortalité féminine se distingue par un excès de décès imputables aux maladies cardiovasculaires (31.5% contre

---

[409] Maalej (Mongi), *Les cancers du sein*, Tunis, Kalima, 2015, pp.151-152
[410] Abassi (Sameh), *Le cancer du sein en Tunisie*, Mémoire de Master de Démographie, Tunis, Université de Tunis, 2016, p. 48
[411] Maalej (Mongi), *Les cancers du sein*, Tunis, Kalima, 2015, p. 53
[412] Absence d'accouchement au cours de la vie génésique. Une femme qui a été enceinte sans avoir pu accoucher est également considérée comme nullipare

26.9% chez les hommes) et aux maladies métaboliques[413] (11.7% contre 8.6% chez les hommes). L'obésité, la sédentarité et l'inactivité physique, facteurs de risque majeurs plus fréquentes chez les femmes, seraient à l'origine de la surmortalité féminine élevée pour ces pathologies[414].

Les Tunisiennes ont en effet une tendance au surpoids. Si cela répond à des canons de beauté millénaires, en revanche les effets sur la santé commencent à se faire sentir au-delà de 60 ans. Surpoids et obésité sont des facteurs de risque majeurs pour un certain nombre de maladies chroniques, parmi lesquelles le diabète, les maladies cardio-vasculaires et le cancer.

Le taux d'obésité des Tunisiennes est ainsi plus que le double de celui des hommes. L'enquête sur la consommation des ménages de 2010 avait démontré que 14.6% des femmes âgées de 20 à 69 ans étaient obèses[415], contre seulement 5.6% pour les hommes du même groupe d'âge. L'écart d'obésité entre les femmes et les hommes croit d'ailleurs avec l'âge, au détriment des femmes. Dans la tranche d'âge 60-69 ans, lorsque les problèmes de santé chronique s'accumulent, le taux d'obésité des femmes est de 22.4% contre 7.6% pour les hommes.

Nous ne saurions clore ce chapitre sur les causes de décès, sans examiner la mortalité violente. Dans la plupart des pays du monde, elle semble être l'apanage des hommes. Voyons ce qu'il en est en Tunisie, en examinant deux cas

---

[413] Trouble affectant les métabolismes dans la cellule, en particulier la production d'énergie. Les maladies métaboliques peuvent être génétiques ou acquises du fait du régime alimentaire, d'agents toxiques ou de toxines, d'infections,... Les plus courantes sont le diabète, l'hypertension artérielle, l'obésité, la dyslipidémie,...
[414] Hajjem (Said), *Le système national d'information sur les causes médicales de décès : entraves spécifiques, synthèse des principaux résultats de l'année 2013 et perspectives*, Tunis, Institut National de la Santé Publique, 2015, pp. 51-52
[415] D'après l'Organisation Mondiale de la Santé, une personne est considérée obèse si elle présente un Indice de Masse Corporelle (IMC, c'est-à-dire rapport du poids sur la taille au carré) supérieur à 30

particuliers : le suicide, « seule question philosophique qui vaille » selon Albert Camus, et la mortalité routière.

Le suicide

Deux écoles s'opposent aujourd'hui : pour le psychiatre autrichien Erwin Stengel, le suicide serait un fait masculin, lié à la solitude familiale, la résidence dans une ville densément peuplée, la précarité sociale, la maladie et l'alcoolisme[416]. La psychiatre française Thérèse Lempérière défend la thèse contraire, présentant le suicide comme un comportement fondamentalement féminin[417].

D'une manière générale, les statistiques de l'Organisation Mondiale de la Santé donnent aujourd'hui largement raison à l'hypothèse de Stengel, le ratio de masculinité des suicides étant supérieur à 1.4 dans la majorité des pays à statistiques fiables[418]. Seule la Chine se distingue par un ratio de masculinité des suicides inférieur à l'unité[419].

La surmortalité masculine par suicide est particulièrement élevée en Europe de l'Est, et notamment en Biélorussie (6.5 suicides masculins pour un suicide féminin), en Pologne et en Lituanie (6.2), en Arménie et au Kazakhstan (5.7), ou encore en Slovaquie et en Moldavie (5.5). Le record mondial, supérieur à 13 suicides masculins pour un suicide féminin, est probablement détenu par le Belize, petit état d'Amérique Centrale. Toutefois, sa population, de seulement 290000 habitants, n'est pas suffisamment significative pour prêter à conclusion.

Comme dans tous les pays du monde, le suicide s'avère être un phénomène masculin en Tunisie. De fait, sur les 372 Tunisiens qui se sont suicidés en 2016, 101 étaient des femmes,

---

[416] Stengel (E.), « Society and suicide. The reactions of society to attempted suicide », in *The Howard journal of criminal justice*, Volume 9 (3), juillet 1956, pp. 199–202
[417] Lempérière (Thérèse), *Dépression et suicide*, Paris, Masson, 2001
[418] Organisation Mondiale de la Santé
[419] C'est surtout dans les provinces rurales que les Chinoises mettent fin à leurs jours plus souvent que les hommes

soit 29.6% du total des cas[420]. Le ratio de masculinité des suicides est ainsi de 2.4, largement supérieur à l'unité. En 2016, l'incidence du suicide en Tunisie était de 3.27/100 000 habitants, 4.7/100000 habitants chez les hommes et 1.9/100 000 habitants chez les femmes
Nous avons synthétisé dans le tableau suivant l'évolution du suicide féminin selon l'âge en Tunisie en 2015 :

Suicides féminins, Tunisie, 2015			
Age (ans)	Proportion, hommes (%)	Proportion, femmes (%)	Ratio de masculinité
-16	5	24	0.6
16-25	14	25	1.7
26-35	46	23	5.8
36-45	18	19	2.7
46-60	11	6	5.9
+60	6	3	5.7
Total	100	100	2.6

(Source : INS, FTDES)

On voit bien au travers de ces chiffres que les suicides féminins ont tendance à se concentrer chez les jeunes, la moitié des actes étant du fait des moins de 25 ans, tranche d'âge qui ne représente que 19% des suicides chez les garçons. On constate également que seuls les enfants connaissent une surfémininité des suicides, avec un ratio de masculinité de 0.6. Cela est probablement lié à une plus grande capacité de résilience chez les adolescents, les adolescentes étant plus sensibles aux « drames mineurs », tels qu'une déception amoureuse ou un redoublement de classe.

---

[420] Ces statistiques proviennent des neuf services de médecine légale en Tunisie des hôpitaux de Charles Nicolle (Tunis), Farhat Hached (Sousse), Fattouma Bourguiba (Monastir), Hédi Chaker (Sfax), Mohamed Tahar Maamouri (Nabeul), Mohamed Sassi (Gabès), Ibn El Jazzar (Kairouan), Houcine Bouzayane (Gafsa) et Kasserine. Il s'agit de cas autopsiés et pour lesquels il existe une forte présomption de suicide, la qualification du suicide comme cause du décès étant du ressort de la justice. Notons que plusieurs cas de décès accidentels (défénestration, accident de la voie publique et noyades), pour lesquels l'hypothèse de suicide reste probable mais difficilement prouvée, n'ont pas été comptabilisés dans ces chiffres

L'autre élément d'importance qui distingue les deux sexes réside dans le fait que les femmes survivent plus rarement à une tentative de suicide. En 2015 par exemple, 70% des tentatives de suicide chez les femmes avaient effectivement abouti, ce taux étant de seulement 51% chez les hommes[421].

Cela pourrait s'expliquer par une plus grande détermination des femmes, mais également par une plus grande capacité de résistance chez les hommes, qui ont de plus grandes probabilités de survie. Notons à ce propos que, comme pour les hommes, le mode préféré de suicides chez les femmes tunisiennes est la pendaison, qui représente 31% des cas.

Si à présent on s'intéresse à la répartition géographique du suicide féminin, on constate que deux régions concentrent à elles seules 42% des cas : Kairouan, avec 29% des cas de suicide féminin, et Jendouba (13%). Nous manquons d'éléments pour expliquer ce phénomène, qui mériterait pourtant une étude plus approfondie.

En 2015, les principales causes du suicide féminin sont d'ordre familial (9.5% des cas) et socioéconomique (8%). Aucun cas de suicide lié au chômage n'a été signalé parmi les femmes, les 29 suicides liés à cette cause étant exclusivement masculins. Peut-être du fait qu'un homme sans profession n'arrive pas à s'intégrer socialement, alors qu'une femme peut trouver sa place d'une manière ou d'une autre. En particulier, un chômeur aura du mal à se marier en Tunisie, ce qui n'est guère le cas pour une femme.

Enfin soulignons que les mois les plus funestes sont avril, mai et septembre, qui concentrent à eux seuls la moitié des suicides féminins de 2015. En ce qui concerne le mois de mai, il est fort probable que les suicides des adolescentes connaissent une explosion, suite à l'annonce des résultats des examens universitaires. En revanche il est plus difficile d'expliquer les pics observés en mai et en septembre.

La mortalité routière

---

[421] Forum Tunisien pour les Droits Economiques et Sociaux, *Le suicide et les tentatives de suicide en Tunisie en 2015*, Tunis, FTDES, 2016, p. 26

En 2015, 1407 personnes ont perdu la vie dans un accident de la route en Tunisie[422]. Un chiffre effroyable. Retenons surtout que, parmi ces décès, on compte 1237 hommes et seulement 170 femmes. La charge morbide n'est pas moins effrayante, les accidents ayant causé la même année, 448 handicaps lourds chez les hommes et 96 chez les femmes.

A priori, la mortalité et la morbidité routières sembleraient épargner les femmes. Pour mieux appréhender la chose, nous avons synthétisé dans le tableau suivant cette hécatombe sur les routes tunisiennes :

Décès routiers par âge et sexe, Tunisie, 2015

Age	Décès		
	Hommes	Femmes	Ratio de masculinité
0-4	19	11	1.7
5-9	21	5	4.2
10-14	34	5	6.8
15-19	106	9	11.8
20-24	192	11	17.4
25-29	191	13	14.7
30-34	137	22	6.2
35-39	112	15	7.5
40-44	92	8	11.5
45-49	65	9	7.2
50-54	64	16	4
55-59	58	7	8.3
60-64	50	16	3.1
65-69	42	11	3.8
70+	54	12	4.5
Total	1237	170	7.3

(Garde Nationale, 2015)

Notons d'abord la nette surmasculinité du phénomène, à tous les âges. Les plus faibles écarts sont observés chez les enfants de moins de 5 ans. En effet, à cet âge les enfants décédés sont essentiellement des bébés posés sur le siège de la voiture, le sexe de la victime ayant alors peu à voir avec la mort.

---

[422] Direction Générale de la Garde Nationale de Tunisie, *Statistiques des accidents de la circulation 2015*, Tunis, Imprimerie Officielle de la République Tunisienne, 2016

La surmasculinité des décès explose ensuite entre 15 et 30 ans, c'est-à-dire à partir du moment où les jeunes obtiennent leur permis de conduire, et celui où ils commencent à emmagasiner une certaine expérience, en même temps qu'ils s'assagissent. Durant cette période particulièrement dangereuse, les jeunes femmes conduisent moins souvent, et surtout sont bien plus prudentes.

L'autre explication probable de la sous-exposition des femmes à la mortalité routière tient au fait que les conducteurs de cyclomoteurs et motocyclettes sont quasiment exclusivement des hommes en Tunisie[423]. Or on sait que ce type de véhicule est particulièrement dangereux. Durant le seul premier trimestre de l'année 2018, 19% des accidents avaient été causés par une motocyclette, conduite dans la grande majorité des cas par un jeune homme.

Ces quelques éléments d'explication concernent uniquement les décès de conducteurs et conductrices, car dans le cas de décès de passagers ou de piétons, le sexe n'est pas une variable déterminante.

---

[423] Seule la ville de Sfax se distingue par la forte présence de conductrices de deux-roues

CONCLUSION

Que retenir de cette modeste réflexion sur la femme tunisienne ? Au vu des indicateurs démographiques que nous avons passés en revue tout au long de cet ouvrage, qu'il s'agisse de nuptialité, de fécondité, d'éducation, de migration, ou même de morbidité et de mortalité, un consensus semble se dégager : la Tunisienne, malgré une surexposition à des problèmes sociaux, culturels, économiques, génétiques même, est assurément une femme de caractère, émancipée.

Gardons-nous toutefois de lier cette émancipation à un évènement quelconque, encore moins à une personnalité *deus ex machina* qui aurait libéré la femme de son joug. La psychologue tunisienne Emna Ben Miled réfute ainsi la thèse courante de la femme soumise, cloîtrée, réduite au silence voire en esclavage dans la société tunisienne médiévale[424]. L'historienne Latifa Lakhdhar va même jusqu'à dénoncer un camouflage de la centralité de la femme tunisienne dans les livres d'histoire[425].

Il est vrai que les récits de voyages les plus crédibles, ceux de Ibn Hawqal (Xème siècle), de El Bekri (XIème siècle), de Ibn Batouta, de Ibn Khaldoun (XIVème siècle) ou plus près de nous, de Hassan el Wazzan[426] (XVIème siècle), décrivaient tous une femme tunisienne libre, dévoilée, participant à la vie économique, artisanale, pastorale, agricole, artistique. C'est de femmes rurales qu'il s'agissait, ou de femmes du peuple, car dans le milieu urbain, alors minoritaire, et chez les notables, les déplacements des femmes étaient règlementés, de même que leur code vestimentaire, avec une stricte séparation entre les deux sexes[427]. Le *sefsari* par exemple, n'était porté que par les

---

[424] Ben Miled (Emna), *Les Tunisiennes ont-elles une histoire ?*, Tunis, Simpact, Tunis, 1998
[425] Lakhdhar (Latifa), *Imrâat al ijmâa*, Tunis, Cérès, 2001
[426] Plus connu sous le nom de Léon l'Africain
[427] Khouaja (A.), « Mobilité résidentielle, géographique et sociale des familles et des femmes », in *Les mutations sociodémographiques de la famille*

citadines d'un certain rang social, et n'avait rien à voir avec le voile intégral qui fait tant polémique aujourd'hui.

Il aura malgré tout fallu pas moins de trois longs millénaires pour faire de la Tunisienne la citoyenne émancipée, reconnue comme telle, bon gré mal gré, par d'autres nations. L'émancipation féminine n'est pas non plus un phénomène postcolonial, même si – reconnaissons-le tout de même – le bref épisode du Protectorat[428] aura contribué à quelques avancées, et notamment en matière éducative et vestimentaire.

La Tunisienne n'est pas si mal lotie, c'est vrai. Il suffit de la comparer avec ses sœurs libyenne, égyptienne, soudanaise, ou pire encore saoudienne. Gardons-nous toutefois de croire que tout est joué, que quelque chose est acquis. Rien n'est acquis, car les défis sont nombreux, insoupçonnés. De ce point de vue, la femme tunisienne n'aura jamais ce qu'elle mérite, mais ce qu'elle exige. Chaque pas en avant devra être arraché au père, au mari, au patron, au gouvernement.

Pour paraphraser le philosophe allemand Jürgen Habermas, nous dirions que la femme tunisienne est un projet inachevé, au sens que beaucoup a été fait, mais combien est encore long le chemin qui devrait mener à une société plus équilibrée, moins suspicieuse envers ses membres féminins !

Que cet ouvrage, outre un modeste essai de démographie, soit un plaidoyer pour modifier les mentalités. Car on ne reconstruira pas la Tunisie sans les femmes. Sur le plan démographique, ce serait déjà un non-sens.

---

tunisienne. Analyse approfondie des résultats de l'enquête PAPFAM, Tunis, Office National de la Famille et de la Population, 2006, pp. 99-100
[428] La Tunisie a été un protectorat français de 1881 à 1956

BIBLIOGRAPHIE

La présente bibliographie ne prétend point être exhaustive. Elle ne contient que les ouvrages, articles ou archives directement utilisés lors de la rédaction de ce volume, rangés dans l'ordre alphabétique du nom de leur auteur

- Adlakha (A.), Ayad (M.), Sushil (K.), « The role of nuptiality in fertility decline: a comparative analysis », in *Demographic and health surveys world conference, Washington, 5-7 Août 1991*, pp. 785-1545 ;
- Al Ghazaly (Abu Hamid Mohammed ibn Mohammed), *Ihya Ulum el din*, Le Caire, 1939 ;
- Alcala (Maria José), *Etat de la population mondiale 2006. Vers l'espoir. Les femmes et la migration internationale*, New York, Fonds des Nations Unies pour la Population, 2007 ;
- Archambault (Paul), *Séparation et divorce : quelles conséquences sur la réussite scolaire des enfants ?*, in *Population et sociétés* n°379, Paris, Institut National d'Etudes Démographiques, mai 2002 ;
- Bayram (A.), « La naissance à Tunis dans les milieux de la bourgeoisie traditionnelle », in *Cahiers des arts et traditions populaires*, 1971 ;
- Ben Dridi (I.), « Est-ce que ça marche ? À propos du *tasfih*, rituel protecteur de la virginité des jeunes filles tunisiennes », in *Dossier de recherche : Sexe et sexualités au Maghreb : essais d'ethnographies contemporaines*, 2010, pp. 99-122 ;
- Ben Jemia (Monia), *Etat des lieux des inégalités et de la discrimination dans la législation tunisienne*, Tunis, Centre de Recherches, d'Etudes, de Documentation et d'Information sur la Femme, février 2016 ;
- Birane (Wane), *Evolution de la famille et du choix du conjoint en zone rurale (le sud tunisien : le Nefzaoua)*, Thèse de doctorat, Tunis, Université de Tunis, 1996 ;

- Ben Miled (Aicha), *Education familiale et rapport au savoir chez des garçons et des filles tunisiens de première année d'école primaire : une approche interactionniste sociale*, Thèse de Doctorat de psychologie, Toulouse, Université Toulouse le Mirail, 2012 ;
- Ben Miled (E.) « La coutume du *tasfih* employée en milieu rural pour protéger la virginité des filles », in *Actes du colloque Famille-enfant-environnement*, octobre 1985 ;
- Ben Miled (Emna), *Les Tunisiennes ont-elles une histoire ?*, Tunis, Simpact, 1998 ;
- Bongaarts (J.), « A framework for analysing the proximate determinants of fertility », in *Population and Development Review* vol. 4, n°1, 1978 ;
- Bongaarts (John), Potter (Robert), *Fertility, biology and behaviour. An analysis of the proximate determinants*, New York, Academic Press, 1983 ;
- Bouchoucha (I.), Ouadah-Bedidi (Z.), Vallin (J.), « Disparités géographiques de fécondité et de nuptialité en Tunisie : divergences et convergences, in *African Population Studies* vol. 30 n°2 (supp), 2016 ;
- Bouhdiba (Abdelwaheb), Masmoudi (Mohamed), *Kairouan. La durée*, Tunis, Sud éditions, 2010 ;
- Bouhdiba (Abdelwaheb), *La sexualité en Islam*, Paris, PUF, 1975 ;
- Bouhdiba (A.), « L'enfant et la mère dans la société arabo-musulmane », in *Culture et société*, Publications de l'Université de Tunis, 1978, p. 84 ;
- Bouhdiba (Abdelwaheb), *L'imaginaire maghrébin. Etude de dix contes pour enfants*, Tunis, Cérès, 1982 ;
- Bouhdiba (Abdelwaheb), *L'individu et la société en Islam, volume 2, Les différents aspects de la culture islamique*, Paris, UNESCO, 1994 ;
- Bouhdiba (S.), « Cosmetic Surgery in Arab Muslim Society: History and Representation", in *Actes du colloque Health Related Issues and Islamic Normativity*, Université de Hamburg, 2014 ;

- Bouhdiba (Sofiane), *La mortalité urbaine en Tunisie*, Tunis, Centre de Publication Universitaire, 2012 ;
- Bouhdiba (Sofiane), *Vieillir en Tunisie*, Paris, L'Harmattan, 2017 ;
- Bourgeois-Pichat (J.), « La mesure de la mortalité infantile. Principes et méthodes », in *Population*, 6-2, Institut National d'Etudes Démographiques, 1951, pp. 233-248 ;
- Broussard (Elodie), *Etude exploratoire sur la traite des personnes en Tunisie*, Tunis, Organisation Internationale pour les Migrations, juin 2013 ;
- Caselli (G.), Vallin (J.), Wunsch (G.), *Démographie : analyse et synthèse tome II. Les déterminants de la fécondité*, Paris, Institut National d'Etudes Démographiques, Paris, 2002 ;
- Caselli (G.), Vallin (J.), Wunsch (G.), *Démographie : analyse et synthèse tome VI. Population et société*, Paris, Institut National d'Etudes Démographiques, 2004 ;
- Centre de Recherches, d'Etudes, de Documentation et d'Information sur la Femme, *La femme tunisienne, acteur de développement régional, Approche empowerment*, Tunis, CREDIF, 2005 ;
- Chebel (Malek), *L'imaginaire arabo-musulman*, Paris, Presses Universitaires de France, 1993 ;
- Chirchi (Mounira), *Analyse de la situation de la santé sexuelle et reproductive à Sidi Bouzid*, Tunis, avril 2016 ;
- Debest (C.), Mazuy (M.), « Rester sans enfant : un choix de vie à contre-courant », in *Population et sociétés n°508*, Institut National d'Etudes Démographiques, février 2014 ;
- Depaoli (Giorgia), *Profil Genre de la Tunisie 2014*, Tunis, Union Européenne, juin 2014 ;
- Direction Générale de la Garde Nationale de Tunisie, *Statistiques des accidents de la circulation 2015*, Tunis, Imprimerie Officielle de la république Tunisienne, 2016 ;

- Fernández (R.), Fogli (A.), Olivetti (C.), « Mothers and Sons: Preference Formation and Female Labor Force Dynamics », in *The Quarterly Journal of Economics*, volume 119 (4), 1 novembre 2004, pp. 1249-1299 ;
- Fonds de Développement des Nations Unies pour la Femme, *Principes d'autonomisation des femmes. Pour l'entreprise aussi, l'égalité est une bonne affaire*, New York, UNIFEM, 2009 ;
- Forum Tunisien pour les Droits Economiques et Sociaux, *Le suicide et les tentatives de suicide en Tunisie en 2015*, Tunis, FTDES, 2016 ;
- Fries (J.), "Aging, natural death and the compression of morbidity", in *New England Journal of Medicine*, 1980, 303 (3) ;
- Gaudry (Mathéa), *La femme chaouïa de l'Aurès. Étude de sociologie berbère*, Paris, Librairie orientaliste Paul Geuthner, 1929 ;
- Gruenberg (E.), « The failure of success », in *Milbank memorial fund quarterly/Health and society*, volume 55, n°1, 1977, pp. 3-24 ;
- Guillaumin (C.), « Le corps construit », in *Sexe, race et pratique du pouvoir. L'idée de nature*, Côté-femmes, 1992, pp. 117-142 ;
- Haddad (Tahar), *Notre femme dans la législation islamique et la société*, Tunis, 1930 ;
- Hajjem (Said), *Le système national d'information sur les causes médicales de décès : entraves spécifiques, synthèse des principaux résultats de l'année 2013 et perspectives*, Tunis, Institut National de la Santé Publique, 2015 ;
- Hakim (Catherine), *Work life-style choices in the 21st century: Preference theory*, Oxford, Oxford University Press, 2000 ;
- Haute Autorité Indépendante de la Communication Audiovisuelle, Conseil Supérieur de l'Audiovisuel, *Place et représentation des femmes dans les fictions télévisuelles*, Tunis, HAICA, 2016 ;
- Institut National des Statistiques, *Enquête Budget des Femmes et des Hommes en Tunisie*, Tunis, INS, 2006 ;

- Institut National des Statistiques, *Enquête Nationale sur le Travail des Enfants en Tunisie*, Tunis, INS, 2017 ;
- Institut National des Statistiques, *Les projections de la population 2014-2044*, Tunis, INS, décembre 2015 ;
- Institut National des Statistiques, MICS 4, Tunis, INS, juin 2013 ;
- Institut National des Statistiques, *Rapport national genre Tunisie 2015*, Tunis, INS, 2015 ;
- Institut National des Statistiques, *Recensement Général de la Population et de l'Habitat 2014*, Tunis, INS, 2015 ;
- Knoepflmacher (U.), « The Hansel and Gretel Syndrome: Survivorship Fantasies and Parental Desertion », in *Children's Literature* 2005, volume 33 ;
- Kramer (M.), « The rising pandemic of mental disorders and associated chronic diseases and disabilities », in *Acta psychiatria scandinavica*, volume 62, 1980, pp. 282-297 ;
- Lakhdhar (Latifa), *Imrâat al ijmâa*, Tunis, Cérès, 2001 ;
- Lapham (R.), « Family planning and fertility in Tunisia », in *Demography* volume 7 n° 2, pp. 241-252 ;
- Le Bris (A.), « La maternité interdite : être mère sans être épouse en Tunisie. Entre déni et « normification » », in *Recherches féministes*, volume 22, n° 2, 2009, pp. 39-57
- Leridon (Henri), *Les théories de la fécondité*, Paris, Institut National d'Etudes Démographiques, 2014 ;
- Leridon (Henry), Toulemon (Laurent), *Démographie, approche statistique et dynamique des populations*, Paris, Economica, 1997 ;
- Lima Hardem (Diana), *Défis de l'approche genre en santé de la reproduction*, Dakar, Fonds des Nations Unies pour la Population, 1998 ;
- Maalej (Mongi), *Les cancers du sein*, Tunis, Kalima, 2015 ;
- Mac Kaye Chapman (A.), « Infanticide and fertility among Eskimos: a computer simulation », in *American Journal of Physical Anthropology*, 53 (2), août 1980, pp. 317-27 ;

- Mahfoudh Draoui (Dorra), *Etude sur la socialisation de l'Enfant dans la famille tunisienne*, Tunis, Ministère des affaires de la Femme et de la Famille, 2000 ;
- Mahfoudh Draoui (Dorra), *Les femmes tunisiennes dans le travail et le mouvement syndical*, Tunis, Friedrich Ebert Stiftung, 2017 ;
- Marzano (Michela), *Dictionnaire du corps*, Paris, Presses Universitaires de France, 2007 ;
- Matteazzi (Eleonora), Pailhé (Ariane), Solaz (Anne), *Part-time employment, the gender wage gap and the role of wage-setting institutions: Evidence from eleven European countries*, Documents de travail 235, Paris, Institut National d'Etudes Démographiques, octobre 2017 ;
- Mazigh (Sadok), *Traduction française du Coran*, Tunis, Maison Tunisienne de l'Edition, 1978 ;
- Mineau (G.), Trussell (J.), « A specification of marital fertility by parents'age, age at marriage and marital duration », in *Demography*, août 1982, 19 (3), pp. 335-350 ;
- Ministère de la Santé, *Plan pour la lutte contre le cancer en Tunisie 2015-2019*, Tunis, MSP, février 2015 ;
- Nations Unies, *Objectifs du Millénaire pour le Développement. Rapport National de Suivi*, Tunis, NU, avril 2014 ;
- Observatoire Asma Fanni pour l'égalité des chances et la citoyenneté des femmes, *Enquête sur les conditions de travail des femmes en milieu rural*, Tunis, ATFD, 2014 ;
- Office National de la Famille et de la Population, *Enquête nationale sur la violence à l'égard des femmes en Tunisie*, Tunis, ONFP, 2011 ;
- Office National de la Famille et de la Population, *Enquête Tunisienne de Fécondité*, Tunis, ONFP, 1978 ;
- Office National de la Famille et de la Population, *Enquête Tunisienne sur la Santé de la Mère et de l'Enfant*, Tunis, ONFP, 1998 ;
- Office National de la Famille et de la Population, *Les mutations sociodémographiques de la famille*

tunisienne. *Analyse approfondie des résultats de l'enquête PAPFAM*, Tunis, ONFP, 2006 ;
- Omran (A.), "The epidemiologic transition: a theory of the epidemiology of population change", in *The Milbank memorial fund quarterly* n° 49/4, 1971, pp. 509-538;
- République Tunisienne, *Code du Statut Personnel*, Tunis, Journal Officiel de la République Tunisienne ;
- Rjeb (S.), « Le divorce d'après le vécu des femmes tunisiennes cadres », in *Revue Tunisienne de Sciences Sociales* n° 84/87, Centre d'Etudes et de Recherches Economiques et Sociales, 1986 ;
- Robine (J.-M.), « L'évolution de la distribution des durées de vie individuelles, in *Actes du colloque Vivre plus longtemps, avoir moins d'enfants : quelles implications ?*, Presses Universitaires de France, 2002 ;
- Sahli (S.), « Le couple entre l'union et la rupture », in *Revue Tunisienne des Sciences Sociales* n°66, Centre d'Etudes et de Recherches Economiques et Sociales, 1981 ;
- Seklani (Mahmoud), *Traité d'analyse démographique approfondie*, tome I, Tunis, Centre de Publication Universitaire, 1999 ;
- Tabutin (Dominique), *Evolution comparée de la mortalité en Afrique du Nord de 1960 à nos jours*, Louvain la Neuve, Université Catholique de Louvain, 1990 ;
- Tabutin (Dominique), *La surmortalité féminine des petites filles dans le Sud*, Louvain la Neuve, Université Catholique de Louvain, 1993 ;
- Tabutin (D.), « La surmortalité féminine en Afrique du nord, in *Population* n°4, Institut National d'Etudes Démographiques, 1991, pp. 836-841 ;
- Tabutin (D.), « Nuptiality and fertility in the Maghreb, in Nuptiality and fertility, in *Proceedings of a seminar held in Bruges*, 8-11 Janvier 1979, Ordina, 1982 ;
- Treas Judith, Drobnič Sonja, *Dividing the domestic. Men, women and household work in cross-national*

perspective, Californie, Stanford University Press, 2010 ;
- Seklani (M.), « La fécondité dans les pays arabes, données numériques, attitudes et comportements », in *Population n°5*, Institut National des Etudes Démographiques, décembre 1960 ;
- Vallin (Jacques), D'Souza (Stan), Palloni (Alberto), *Mesure et analyse de la mortalité*, Paris, PUF, 1988, p. 351 ;
- Vallin (Jacques), Locoh (Thérèse), *Population et développement en Tunisie. La métamorphose*, Tunis, Cérès, 2001 ;
- Walther (Wiebke), *Femmes en Islam*, Paris, Sindbad, 1981 ;
- World Economic Forum, *The Global Gender Gap Report 2017*, Genève, WEF, 2018.

ANNEXES

Annexe 1 : Pyramide des âges de la Tunisie, 2016

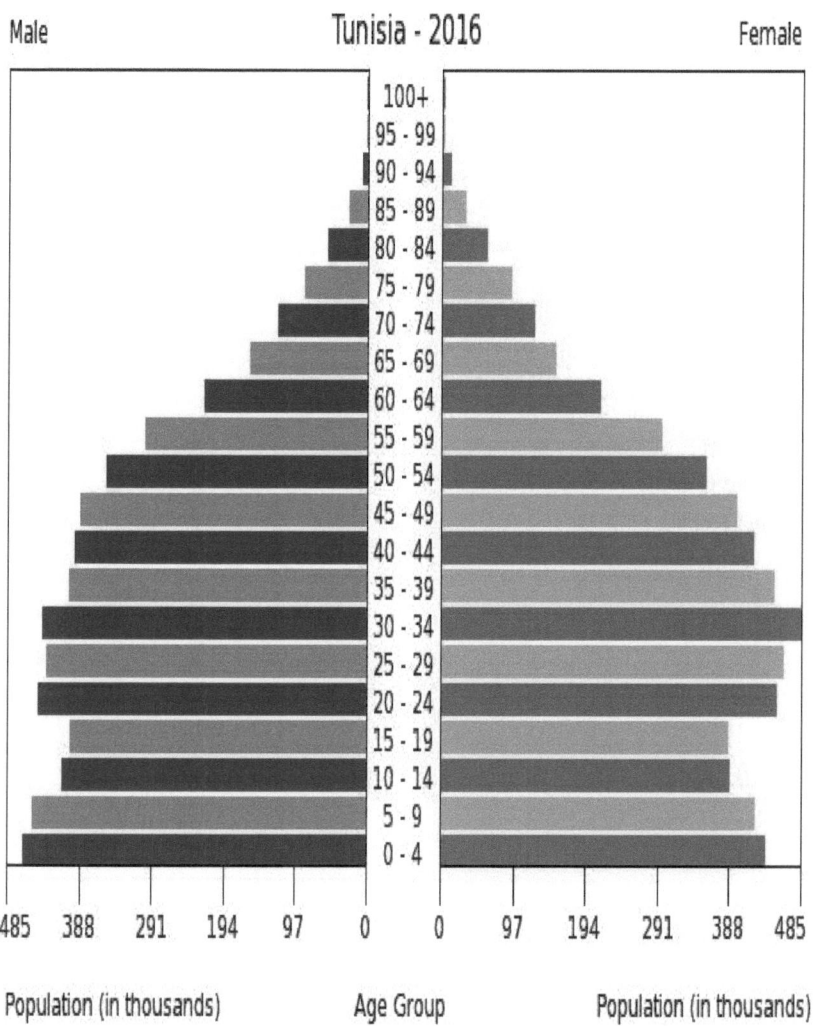

(Source : Institut National des Statistiques)

Annexe 2 : Causes de décès selon le sexe, Tunisie, 2013

Cause de décès	Hommes		Femmes	
	N	%	N	%
Maladies du système circulatoire	3038	26.9	2729	31.5
Tumeurs malignes	2149	19.0	1285	14.8
Maladies endocriniennes, nutritionnelles et métaboliques	974	8.6	1009	11.7
Maladies de l'appareil respiratoire	1209	10.7	717	8.3
Affections dont l'origine se situe dans la période périnatale	546	4.8	426	4.9
Maladies de l'appareil digestif	368	3.3	320	3.7
Lésions traumatiques et empoisonnements	494	4.4	272	3.1
Maladies infectieuses et parasitaires	409	3.6	272	3.1
Maladies de l'appareil génito-urinaire	245	2.2	224	2.6
Maladies du système nerveux et des organes des sens	295	2.6	227	2.6
Malformations congénitales et anomalies chromosomiques	310	2.7	209	2.4
Maladies du sang et des organes hématopoïétiques	53	0.5	49	0.6
autres causes	864	7.6	849	9.8
TOTAL	11305	100	8668	100

(Source : Institut National de la Santé Publique)

Annexe 3 : Petit lexique du Genre

Agenre Personne qui ne désire pas être assimilée à un genre. La personne ne s'identifie ni comme femme ni comme homme.

Androcentrisme Interprétation de résultats selon un référent masculin.

Contrat social de genre Ensemble de règles implicites et explicites régissant les relations femmes/hommes et leur attribuant des travaux, des valeurs, des responsabilités et des obligations distinctes. Ces règles s'appliquent à trois niveaux : le substrat culturel (normes et valeurs de la société), les institutions (protection de la famille, systèmes éducatif et de l'emploi, etc.) et les processus de socialisation, notamment au sein de la famille.

Discrimination Différence de traitement qui ne peut être justifiée de manière objective et raisonnable.

Discrimination positive Mesures à l'intention d'un groupe particulier visant à éliminer et à prévenir ou à compenser des désavantages résultant des attitudes, des comportements et des structures existants.

Disparité entre les sexes (Gender gap) Écart entre les femmes et les hommes dans tout domaine en termes de degré de participation, d'accès, de droits, de rémunération ou d'avantages.

Diversité Différences entre les valeurs, les attitudes, les cadres culturels, les croyances, les environnements ethniques, les orientations sexuelles, les compétences, les connaissances et les expériences propres à chaque membre d'un groupe.
Le terme diversité englobe toutes les caractéristiques qui peuvent nous différencier les uns des autres et est souvent associé à une volonté de reconnaître et prendre en compte ces différences, notamment dans le secteur de l'emploi.

Droits des femmes inhérents aux droits humains Droits de la femme et de la jeune fille en tant que partie inaliénable, intégrale et indivisible des droits universels de la personne et incluant la notion de droits en matière de procréation.

Égalité de traitement Absence de discrimination fondée sur le sexe.

Égalité des chances Attribution des mêmes opportunités de développement social à des individus, indépendamment de leur origine sociale ou ethnique, de leur sexe, des moyens financiers de leurs parents, de leur lieu de naissance, de leur conviction religieuse, d'un éventuel handicap... Au-delà de la simple égalité des droits, l'égalité des chances consiste à favoriser les groupes humains qui font l'objet de discrimination afin de leur garantir une équité de traitement. Elle implique que les écarts liés au milieu d'origine soient neutralisés.

Égalité des sexes Principe des droits égaux et du traitement égal des femmes et des hommes. Notion signifiant, d'une part, que tout être humain est libre de développer ses propres aptitudes et de procéder à des choix, indépendamment des restrictions imposées par les rôles réservés aux femmes et aux hommes et, d'autre part, que les divers comportements, aspirations et besoins des femmes et des hommes sont considérés, appréciés et promus sur un même pied d'égalité.

Égalité entre les femmes et les hommes Absence de discrimination fondée sur le sexe d'une personne en matière d'opportunités, de répartition des ressources ou des revenus, ou d'accès aux services.

Empowerment (renforcement du pouvoir) Processus au travers duquel l'individu accroît ses habiletés favorisant l'estime de soi, la confiance en soi, l'initiative et le contrôle.

Équité entre les femmes et les hommes Justice dans la répartition des avantages et des responsabilités entre les femmes et les hommes. Le concept reconnaît que les femmes et les hommes présentent des différences en matière de besoins et de forces et que ces différences doivent être identifiées et traitées de manière à rectifier les déséquilibres entre les sexes.

Essentialisme Idéologie ségrégationniste selon laquelle hommes et femmes auraient « par nature » des caractéristiques, des aptitudes, des rôles sociaux distincts et immuables. La thèse essentialiste est aujourd'hui infirmée par les récentes recherches scientifiques qui montrent que l'être humain n'est soumis à aucun déterminisme biologique.

Expression de genre L'expression de genre renvoie à la manière dont les personnes expriment leur identité de genre (vêtements, coiffure, langage, attitudes...) et à la manière dont celle-ci est perçue par les autres. L'expression de genre ne correspond pas forcément au genre assigné à la naissance.

Féminisme Doctrine ou attitude politique, philosophique et sociale, fondée sur l'égalité des sexes qui a pour objectif la défense des intérêts des femmes dans la société, l'amélioration et l'extension de leurs droits, la fin de l'oppression et des discriminations dont les femmes sont victimes au quotidien, et au final leur émancipation.

Genre Concept binaire qui se réfère aux différences sociales entre les femmes et les hommes qui sont acquises, susceptibles de changer avec le temps et largement variables tant à l'intérieur que parmi les différentes cultures. Le genre désigne les rôles, les comportements, les activités et les attributions socialement construits, qu'une société donnée considère comme appropriés pour les femmes et les hommes.

Harcèlement sexuel Situation dans laquelle un comportement non désiré à connotation sexuelle, s'exprimant physiquement, verbalement ou non verbalement, survient avec pour objet ou pour effet de porter atteinte à la dignité d'une personne et, en particulier, de créer un environnement intimidant, hostile, dégradant, humiliant ou offensant.

Hétérocentrisme Système de valeurs et de croyances fondé sur le modèle exclusif de relations traditionnelles entre femmes et hommes. L'hétérocentrisme marginalise, voire ignore d'autres formes de relations interpersonnelles et contribuant par là même à l'invisibilité de ces autres modes de vie.

Hypersexualisation Attribution d'un caractère sexuel à un comportement ou à un produit qui n'en a pas en soi, et qui comprend le fait d'utiliser de façon excessive des stratégies de séduction corporelle (vêtements, maquillage…).

Identité de genre Genre auquel un individu s'identifie. Selon les situations et les moments, les personnes s'identifient au genre assigné à leur naissance, à un autre genre, ou à aucun genre en particulier.

Intégration de la dimension de genre (Gender mainstreaming) Planification, organisation, amélioration et évaluation des processus intégrés dans les politiques afin que les parties prenantes intègrent une perspective d'égalité entre les femmes et les hommes dans toutes les politiques, stratégies et interventions en matière de développement, à tous les niveaux et à tous les stades.
Intégration systématique des conditions, des priorités et des besoins propres aux femmes et aux hommes dans toutes les politiques en vue de promouvoir des activités fondées sur l'égalité entre les femmes et les hommes ou de mobiliser toutes les politiques et les mesures générales dans le seul but de réaliser l'égalité en tenant compte activement et manifestement, au stade de la planification, de leur incidence sur la situation spécifique des femmes et des hommes lors de leur mise en œuvre, de leur suivi et de leur évaluation.

Patriarcat Système de structures et de relations sociales dans lequel les hommes dominent et oppressent les femmes. Le patriarcat repose sur l'emploi, le travail domestique, la culture, la sexualité, la violence et l'État. Le travail domestique est la structure dominante du patriarcat privé, caractérisé par une appropriation individuelle des femmes dans la famille et leur exclusion de l'espace public. L'État et le travail salarié sont les structures majeures du patriarcat public, qui implique une appropriation collective des femmes par leur ségrégation et leur subordination dans la sphère publique.

Perspective de genre Examen et prise en compte des différences entre les femmes et les hommes dans tout domaine d'action/toute activité.

Rapports de genre Rapport et distribution inégale du pouvoir entre les femmes et les hommes qui caractérisent tout système sexiste.

Rôles des femmes et des hommes Comportements acquis au sein d'un groupe, et qui conditionne le type d'activités, de tâches et de responsabilités perçues comme typiquement masculin ou féminin. Les rôles des femmes et des hommes sont attribués en fonction de l'âge, de la classe sociale, de la race, de l'ethnicité ou de la religion, ainsi que de l'environnement géographique, économique ou politique. Les changements des rôles des femmes et des hommes sont souvent le résultat d'une évolution du contexte économique, social ou politique.

Sexe Référence aux différences biologiques entre les femmes et les hommes.

Sexisme Utilisation des différences physiques et biologiques entre les sexes comme prétexte pour établir des différences de statut, de position, de droits... entre hommes et femmes. Concrètement, le sexisme se traduit par des paroles, des gestes, des comportements ou des actes qui excluent, marginalisent ou infériorisent un sexe par rapport à l'autre. Ce terme renvoie presque toujours à la domination, consciente ou non, des hommes sur les femmes.

Socialisation Processus par lequel la personne humaine apprend et intériorise tout au long de sa vie les éléments socioculturels de son milieu, les intègre à la structure de sa personnalité sous l'influence d'expériences d'agents sociaux significatifs, et par là s'adapte à l'environnement social où elle doit vivre.

Socialisation différenciée Forme de socialisation qui diffère en fonction du statut particulier que la personne sera amenée à occuper dans la société. Les normes et valeurs transmises par socialisation sont différentes en fonction de variables telles que le sexe de l'enfant ou encore le milieu social auquel il appartient.

Stéréotype Ensemble de croyances collectivement partagées attribuant une caractéristique simplifiée et exagérée à un groupe d'individus.

Stéréotype sexiste Représentation péjorative ou partiale de l'un ou l'autre sexe, tendant à associer des rôles, comportements, caractéristiques, attributs ou produits réducteurs et particuliers, à des personnes en fonction de leur sexe, sans égard à leur individualité.

Stéréotype de genre Idées préconçues qui assignent aux hommes et aux femmes des caractéristiques arbitraires et des rôles sexués déterminés et limités. Ces stéréotypes peuvent entraver le développement des talents et des capacités naturelles des filles et des garçons, des femmes et des hommes, leurs expériences éducatives et professionnelles ainsi que les possibilités que leur offre la vie en général.

Stéréotypes sexuels Ensemble de croyances partagées par une culture à propos des traits ou des qualités propres aux hommes et aux femmes.

Traitement préférentiel Traitement d'une personne ou d'un groupe de personnes susceptible de se traduire par des avantages, des accès, des droits, des chances ou un statut supérieurs à ceux dont bénéficie une autre personne ou un autre groupe. Ce traitement peut avoir un sens positif lorsqu'il comporte une action positive destinée à supprimer une pratique discriminatoire antérieure ou un sens négatif lorsqu'il vise à conserver les écarts ou les avantages d'une personne/d'un groupe par rapport à une/un autre.

Violence à l'égard des femmes fondée sur le genre Violence faite à l'égard d'une femme parce qu'elle est une femme ou affectant les femmes de manière disproportionnée.
Les violences exercées sur les femmes en raison de leur sexe englobent tous les actes qui, par la menace, la contrainte ou la force, leur infligent, dans la vie privée ou publique, des souffrances physiques, sexuelles ou psychologiques dans le but de les intimider, punir, humilier, les atteindre dans leur intégrité physique et leur subjectivité.

Violences entre partenaires/dans les relations intimes
Comportements, actes, attitudes, de l'un des partenaires ou ex-partenaires, qui visent à contrôler et dominer l'autre. Elles comprennent les agressions, les menaces ou les contraintes verbales, physiques, sexuelles, économiques, répétées ou amenées à se répéter portant atteinte à l'intégrité de l'autre et même à son intégration socioprofessionnelle. Ces violences affectent non seulement la victime, mais également les autres membres de la famille, parmi lesquels les enfants. Elles constituent une forme de violence intrafamiliale.
Il apparaît que dans la grande majorité des cas, les auteurs de ces violences sont des hommes et les victimes, des femmes.

Structures éditoriales du groupe L'Harmattan

L'Harmattan Italie
Via degli Artisti, 15
10124 Torino
harmattan.italia@gmail.com

L'Harmattan Hongrie
Kossuth l. u. 14-16.
1053 Budapest
harmattan@harmattan.hu

L'Harmattan Sénégal
10 VDN en face Mermoz
BP 45034 Dakar-Fann
senharmattan@gmail.com

L'Harmattan Cameroun
TSINGA/FECAFOOT
BP 11486 Yaoundé
inkoukam@gmail.com

L'Harmattan Burkina Faso
Achille Somé – tengnule@hotmail.fr

L'Harmattan Guinée
Almamya, rue KA 028 OKB Agency
BP 3470 Conakry
harmattanguinee@yahoo.fr

L'Harmattan RDC
185, avenue Nyangwe
Commune de Lingwala – Kinshasa
matangilamusadila@yahoo.fr

L'Harmattan Congo
67, boulevard Denis-Sassou-N'Guesso
BP 2874 Brazzaville
harmattan.congo@yahoo.fr

L'Harmattan Mali
Sirakoro-Meguetana V31
Bamako
syllaka@yahoo.fr

L'Harmattan Togo
Djidjole – Lomé
Maison Amela
face EPP BATOME
ddamela@aol.com

L'Harmattan Côte d'Ivoire
Résidence Karl – Cité des Arts
Abidjan-Cocody
03 BP 1588 Abidjan
espace_harmattan.ci@hotmail.fr

L'Harmattan Algérie
22, rue Moulay-Mohamed
31000 Oran
info2@harmattan-algerie.com

L'Harmattan Maroc
5, rue Ferrane-Kouicha, Talaâ-Elkbira
Chrableyine, Fès-Médine
30000 Fès
harmattan.maroc@gmail.com

Nos librairies en France

Librairie internationale
16, rue des Écoles – 75005 Paris
librairie.internationale@harmattan.fr
01 40 46 79 11
www.librairieharmattan.com

Librairie l'Espace Harmattan
21 bis, rue des Écoles – 75005 Paris
librairie.espace@harmattan.fr
01 43 29 49 42

Lib. sciences humaines & histoire
21, rue des Écoles – 75005 Paris
librairie.sh@harmattan.fr
01 46 34 13 71
www.librairieharmattansh.com

Lib. Méditerranée & Moyen-Orient
7, rue des Carmes – 75005 Paris
librairie.mediterranee@harmattan.fr
01 43 29 71 15

Librairie Le Lucernaire
53, rue Notre-Dame-des-Champs – 75006 Paris
librairie@lucernaire.fr
01 42 22 67 13